レスラーめし

WRESTLER-MESHI

ムタ

ワニブックス

はじめに

プロレスラーの〝めし〟と聞いて、みなさんはどんな光景を想像するでしょうか。

朝のやわらかな日差し指す道場で先輩と若手がスパーリングでぶつかりあい、汗をかいたあとで鍋を囲み大勢でちゃんこを食らう男たち。

いかにも〝鯨飲馬食〟という言葉が似合う、仲間たちとガハハと語らいながら毎夜肉を食らい酒を飲む、現代の海賊のような巡業中の大宴会。

トレーニングマシンで自らの身体を鍛えぬき、プロテインを飲み、計算した食生活とともに美しいマッスルボディーを作り上げるストイックな食生活。

言葉も通じない異国で、屋台で買った怪しい食べ物をガツガツと食らいながら、いつかこの国のリングで頂点を極め、凱旋帰国してやろうという野心に満ちた瞳。

さまざまな食事風景が目に浮かぶと思いますが、過程はどうあれリングの上に立つプロレスラーの身体は、まさしく〝めし〟が作ったたまもの。日々のバランスの良い食生活と鍛錬からこそ生まれた美しく均整の取れた筋肉の持ち主もいれば、理屈抜きに「デカい！強い！」を絵に書いたようなナチュラルなモンスターもいるのがプロレスの世界。めしとトレーニングから生まれたプロレスラーの身体は、誰がなんと言おうと絶対的なノンフィクションです。

ただ、それと同時に「めしを食えなかったこともレスラーを育てる」という事実にも、この1年強のインタビュー取材を通して、改めて気づかされました。付き人としての仕事に追われた新弟子時代、先輩からのシゴキ、めしに飽き、腹を壊した海外遠征、団体を旗揚げするも先立つものがない、など食えなかった理由はいろいろあります。

しかし、のちにめしが食えなかった経験を生かすからこそ、名レスラーは名レスラーたりえるのではないでしょうか。

食えたことも、食えなかったこともレスラーを作る。

プロレス、そしてプロレスラーについつい人生を重ねてしまう私たちにとって、そういうところから「プロレスって人間ドラマだな」としみじみ思わされます。

レスラーとわれわれ観客との数少ない共通点がめし。距離が近いからこそ、試合前のゲン担ぎや試合後のごほうびの食べ物といった話にはよりシンパシーを抱き、新弟子時代に身体を大きくするため、ひたすら食わされる話や逆にろくに食えなかった話には一層驚きを感じずにはいられません。

プロレスラーも人だな。プロレスラーって怪物だな。その両方を感じさせるインタビュー集になったと思います。

インタビューでは同じ話題でもレスラーによって多少話が食い違ったりしていますが、そのまま残しています。同じ技でも使う選手によってちょっと違ったりするのがプロレスの味、ですからね。

大坪ケムタ

レスラーめし
CONTENTS

レスラーめし
CONTENTS

小橋建太

レスラーめし

VOL.1

闘病を支えた「妻のポテトサラダ」

PROFILE

小橋建太

こばし・けんた＝1967年 京都府生まれ。1988年から全日本プロレスやプロレスリング・ノアなどで活躍。がんや数々のケガに悩まされ、リング内外で壮絶な戦いを繰り広げてきた。2001年1月に膝の手術のため欠場するも、翌年2月にアスリートでは前例のない復帰を果たす。また、2006年6月には腎臓がんが発覚。7月に腹腔鏡下手術を行い、無事成功。546日もの長い闘病生活を経て、2007年10月に戦線復帰。レスラーとしての実績も高く、数々のタイトルを獲得し、特にGHCヘビー級王座にあった2年間は13度の防衛に成功し、いつしか「絶対王者」と呼ばれるようになった。戦線復帰を果たした後も活躍を続け、2013年5月に現役を引退。

現役時代「絶対王者」「青春の握りこぶし」「鉄人」などの異名を持ち、心も身体も熱くなる試合を届けてきた小橋建太さん。全日本プロレス〜プロレスリング・ノアに在籍し、周りがレスリングや相撲出身などエリート選手ばかりのなか、絶え間ない練習と熱い試合で心身を鍛え上げてトップの一角を担い、誰よりも燃える試合を見せ続けました。

新時代を切り開く戦いを繰り広げた全日本時代、新世代の選手たちの壁として戦い続けたノア時代と、数々の名勝負を残しましたが、時にはタッグを組んだり、あるいは好敵手としても戦った三沢光晴さんとの縁は特に深いものがありました。

また2006年には腎臓がんが見つかり、復帰困難と言われるも奇跡のカムバックを果たし、プロレスファンならずともかつてない感動を巻き起こしたことも忘れられません。

2013年の現役引退後はプロデュース興行『Fortune Dream』を開催しつつ、がんやさまざまなけがを乗り越えた経験を元に「夢の実現」「命の大切さ」などの小橋さんらしい熱い思いとまっすぐなメッセージをファンに届け続けています。

大好きだった母のクリームシチュー

——小橋さんの現役時代、レスラーとしてファンに強いイメージを与えたものというと、なんといってもその豪腕を象徴とした「筋肉」。さぞたくさん食べ、日頃から鍛えて生まれたものでしょうが、現役時代は食への関心は強い方だったのでしょうか。

小橋　いやあ、僕はグルメじゃないですよ（笑）。自分からいろんなお店を探して食べに行くってよりも、適当なところに入って、気に入ったら通うって方が多いですね。今は子供もいるんで、そうなると行けるところも限られてくるんで、あんまり家族で外では食べなくなったりしますね。周りにご迷惑かけるんで。

――では小橋さんの子供の頃の話から伺いたいんですが、ご出身は京都の福知山市ですよね。

小橋　そうですね。そんなに裕福な家ではありませんでした。父親と母親は物心ついた時には別居していて。母親と一緒に住んでいたんですが、母の実家が米を作っていたんです。だからしっかり大きくなるようにと米だけは送ってくれて、ごはんだけはたくさん食べてましたね。

――決してぜいたくではないけれども、お腹はしっかりとお米でいっぱいに。

小橋　とにかくお腹がいっぱいになればいいっていうか、シャレたところに行くってのはなかったですね、子供の頃から。京都だからってわけじゃないですけど、漬物だけでもごはんはおいしいですから。

――なるほど、京都といえば京漬物ですね。

小橋　母も料理は好きなんで、工夫していろいろやってくれてましたね。なんでも創作で作ってくれるんですよ。クリームシチューとか、卵料理とか。クリームシチューは白くて市販のやつで、ジャガイモと玉ネギ、ニンジンが入った普通のやつですけど、頑張って工夫してくれたんでしょうね。今も頭に残ってます。

――お母さんの手作りシチューが一番の思い出なんですね。

小橋　でもそんな気軽にあれが食べたい、これが食べたいと選り好みができる環境ではなかったし、言えなかったですよ。母親が自分を食べさせるために一生懸命頑張ってくれてるんで、それを見ていると何も言えなかったですね。

――小橋さんが子供の頃はお父さんがいらっしゃらなかったということで、お母さんが昼に仕事に行って、帰ってきてからごはんを作るという感じですか？

小橋　そうです。ただ、母は夜ごはんを作ってまたその晩には皿洗いに行っていたんですよ。福知山の田舎に当時数軒しかなかったファミレスがあったんです。そこで夜中まで働いて帰ってきて、また朝起きて朝飯作って仕事しての繰り返しですね。

――お母様はご苦労されたんですね。子供を育てるために夜中の仕事まで。

小橋　本当ですね。そういう姿を見ていると、あれは食べないこれも食べないとか言えな

いっていうか、残したりすると母親にものすごく申し訳ない。そういう思いはありました。無駄にできない。ひと粒ひと粒食べようと。お皿をなめる、じゃないですけど（笑）。

――そのお母さんの働いてたファミレスに行きたいという思いはなかったですか？

小橋　いやあ、行きたいってのはなかったですね。当時はまだファミレスって新しいものってイメージがあったんですよ、なんせ福知山ですから（笑）。それにお金がかかると思っていました。負担かけちゃ悪いなって思いは常にありました。ですから、外のお店で食べたという思い出もぜんぜんないです。別にそのことに対して不満もないですけどね。

――その当時、小橋さんはスポーツに励んでたそうですね。

小橋　はい。少年野球をやって、中学高校で柔道をやっていました。結構のめり込んでやっていたので「遊びに行きたい」とか言うこともなかったですし、あんまり親に迷惑をかけることはなかったと思います。ただ、ごはんは食べましたね（笑）。食費はかかったと思います。

――柔道部の高校生だと、どんぶりでごはんを食べていそうなイメージです。

小橋　練習でエネルギーを使うので何杯も食べていたと思います。母親もおかずをいっぱい作ってくれてね。大変だったと思います。高校時代、朝は自主トレもあって本当に腹が減ってたんで、ふたつくらい弁当持って行ってたんですよ。

──ふたつも！

小橋　ひとつはもうほとんどお米だけで、梅干しひとつの日の丸弁当だったんですけどね。本当、米だけでも食べられるのはありがたいことだなって思いますね。その頃はわからなかったんですけど。

──今はお子さんもいらっしゃるから、当時のお母さんのことをまた違った目で見られるんじゃないですか。

小橋　そうですね、その頃はわからないんですよね。「食べることが当たり前」だと思っていたから。ですけど、自分が働くようになって、それが当たり前じゃなかったんだなと思いますね。本当、余計に親への感謝の思いが強くなりました。

新弟子時代の思い出の味はポン酢で食べる「豚の水炊き」

柔道に打ち込んだ高校時代を経て京セラに就職した小橋さん。しかしプロレスへの思いを断ち切れず、プロレスラーへの道を再び歩むことになります。もちろん第一志望は大好きなジャイアント馬場さん率いる全日本プロレス。しかし当時は今と比べてプロレス団体は少なく、入団するにも相当な苦労があったそうです。

――小橋さんは一度社会人を経験して、それから憧れの全日本プロレスに入団。でも入団決定まではかなり大変だったらしいですね。

小橋　プロレスラーになるという夢をかなえるために、やっぱり身体を作らなきゃいけない。まず会社を辞めて2カ月か3カ月、体を鍛える期間を作ったんです。お金は入らなくなるからその期間に暮らすための貯金もして。やっぱり「プロレスラーは大きくないと」という思いが頭の中にあったので、とにかく身体を大きくしたかったんです。

――今だったらジムやプロテインといった筋肉をつけるためのより良い施設や栄養を取る方法もありますけど、当時の小橋さんのトレーニングは？

小橋　もう運動してとにかく食べて睡眠を取ってでしたね。ランニングでは夕日に向かって走ってましたね、必ず（笑）。

――その頃から後のニックネーム〝青春の握りこぶし〟らしさがありますね（笑）。ごはんはやっぱり引き続き米を？

小橋　そうですね。特に身体を鍛えるために何を食べる、という考えは当時はなかったです。プロテインなんかもあったんだろうけど、まだ一般的には使われていなかったんじゃないかな。筋肉を作るからタンパク質を多く摂ってとか、そういう知識はわからなかったですね。それで105キロくらいまで大きくして、馬場さんが好きだったんで全日本プロレスに書類を送ったんですけど書類審査の時点でダメだったんです。

——そこまで鍛えたのに！

小橋　その頃の全日本プロレスは実績のある人間をスカウトで欲しがったんです。僕の同期の菊地さん（菊地毅）はアマチュアレスリングの学生チャンピオンだし、田上さん（田上明）は元相撲取りですから。僕らみたいな実績のない入団希望の選手は、募集はしてもたぶん馬場さんのところまで話が通っていない。もう事務所の人が落としてるんですね。実績か誰か紹介してくれる人がいないと。でもそこで諦めたらダメだって思って、今度は120キロまで増量して（笑）。それでなんとか通りました。今思うと体重はあんまり関係なかったんですけどね。入団してからは、練習がハードだったんで1カ月で90キロくらいまで落ちました（笑）。

——ちなみに会社を出てからはどこに住んで身体を鍛えていたんですか？

小橋　京セラの頃は寮だったんですけど、その時は母親が滋賀県でひとり暮らしをしていたので、身体を鍛えるために会社を辞めてからはそこに住ませてもらいました。でもちゃんと家賃を払って、食費も出して。

——一人前になるからにはしっかりお金も払って。

小橋　そうですね、そこはこだわりを持っていました。母親が暮らしてる、いわば実家ですけど、息子だからといって居候して甘えちゃいかん！　と思っていました。ただ、今になって当時の写真を見るとぽちゃっとしてて急激に太らせた感じはありましたね（笑）。

――でもそれで無事に全日本プロレスに合格したんですよね。

小橋　きっと体格は関係なかったと思うんです。ただずっと後になって、自分が選ぶ立場になった時に「プロレスラーは実績じゃないんだ、本人のやる気があればいくらでもできるんだ！」と思っていたので、本人にやる気があればちゃんと見るようにしようと心掛けていました。スカウトされても、そいつにやる気がなかったらどうしようもない。全然ダメですよ。

――全日本プロレスに入団された小橋さんですけど、まずはいわゆる新弟子生活ですか。

小橋　そうです。とにかく雑用がすごかった！　一番最初に起きて道場を掃除したら次は買い出しに行くんです。それで練習後のちゃんこを作って、そこまで済ませて合同練習の30分前には先輩たちを待っていなきゃいけないんですね。

――朝からそんな慌ただしいんですね。ごはんも新弟子たちで作るんですか？

小橋　そうです。同期の菊地さんや北原さん（北原光騎）と一緒に作っていましたね。もう野菜とか切ってバッと入れるだけの鍋ですけど。

――まさにプロレスラーのちゃんこ鍋。それまで小橋さんは自分で料理を作るってことは？

小橋　いやあ、なかったです（笑）。今でもやらない。これまで料理に目覚めたことはないですね。

――じゃあ、ちゃんこ番はあんまり積極的じゃなかった？

小橋　そうですねえ、野菜切ったりはもちろんしてましたけど、味付けを僕に任せると「何入れても大丈夫だろ」ってなっちゃうんで（笑）。でも味付けにうるさい先輩もいて……。

――ちなみに味にうるさい先輩って？

小橋　いやあ、それは……。

――誰かは言えないですか（笑）。では同期で料理が得意だった人は？

小橋　菊地さんがうまかったですね。僕はもう菊地さんが作ってる隣で「うまいですね～」って言ってる係（笑）。でも本当に上手だったんですよ。僕はいまだに不得意です。

――菊地選手というのはちょっと意外です。

小橋　菊地さんは部屋を模様替えしたりとか細かいことが好きだったんですよ。「寝るところだけあればいい」という僕とは正反対（笑）。

――ちなみに全日本プロレスのちゃんこってどんな鍋を作ってたんですか。

小橋　スープがカレーとかキムチとか醤油ベース、あと卵とか何種類かあって、具を鶏、豚、肉と変える感じですね。僕が一番好きだったのはもうシンプルに豚の水炊きみたいなのをポン酢で食べるやつでしたね。なぜか豚の方が好きなんです。鶏もおいしいんですけど、今もおいしいって思えるのが豚なんですよね。

――小橋さんは田上さんと同期ですよね。力士上がりの人ってちゃんこ鍋とか作るのがうまいイメージがあるんですが。

小橋　田上さんは……作るのは別にって感じでしたけどね。でも自分で調理器具とか持ってきてました。肉をミンチにしてつみれにする機械。だから実は料理好きだったのかもしれない。練習は嫌いでしたけどね、練習嫌いの料理好き（笑）。

デビュー当日、馬場さんにかけられた忘れられない〝ひと言〟

入団して間もなくして、憧れの馬場さんの付き人を担当することになった小橋さん。ということは全国でおいしいものが食べられたのではと誰しも思うはず。しかし小橋さんにとって馬場さんの付き人時代はまた別の食の思い出がありました。

――新弟子時代、小橋さんは馬場さんの付き人をされたんですよね。

小橋　そうです。

――だったら全国の支援者とのお付き合いも多いだろうし、さぞおいしいごはんが食べられたんじゃないかと思うんですけど……。

小橋　デビューする前に馬場さんの付き人になったんですよ。それで普通だったら、おっしゃるとおりで地方に行ったら試合後に食事に連れて行ってもらったりするんですけど、馬場さんは僕をまったく連れて行ってくれなかったんですよ。

――え⁉　そうなんですか？

小橋　それどころか口も利いてくれなかった。

――えええ⁉　それは……なぜなんでしょう？

小橋　もともと僕が付き人になった経緯が、周りの人が「小橋、お前やれ！」って言って勝手に決めたんですよ。その前の方がちゃんと馬場さんの身の回りの世話をしなかったというのが理由です。

――そんな決められ方もあるんですね。

小橋　でも馬場さんは前の付き人のことをすごいかわいがっていて、それなのにむりやり変えられたから、馬場さんも怒りをぶつけるところがないんで僕にぶつけてくるんです。本当にしばらく口も利いてくれなかったです。

――馬場さんが好きで全日本プロレス入ったのに……。

CHAMPION

小橋　そうなんですよ。馬場さんが好きで入ったし、一番近くにいるのに口を利いてくれたと思ったら「お前、帰れ!」って言われたり。

――正直、がっかりしなかったですか?

小橋　がっかりというよりも「合宿所に入った以上は、辞めろと言われてもしがみついてでも残ってやる」という思いしかなかったです。だからがっかりという感じはなかったですね。「明日こそは口を利いてもらおう」「次はごはん連れて行ってくれるだろう」とか。でもデビューするまでぜんぜんしゃべってくれなかったですね。

――ということは、デビューしてついに話しかけてくれたんですね、馬場さんが!

小橋　付き人になって3カ月か4カ月くらいしてデビューしたんです。その当時、大きいホテルの上にはだいたいレストランがあったんですけど、その時に初めて馬場さんに「ホテルの上で待ってるからな」って言われて。初めてですよ。それで一緒に食事をしました。その時に、馬場さんから言われた言葉が「よう頑張ったな」って。

――ついに!

小橋　それまでのたまったものがスーッと消えましたね。

――このひとことを聞くために頑張ってきたんだと思えたんでしょうね。そのレストランで何を食べたかは覚えてないですか。

小橋　いやあ、覚えてないです。初めてお店に連れてこられたってのもあって。あと、それからはもう地方に行ったときはもう馬場さんに付いて行くようになりました

――やっと付き人らしい仕事が。

小橋　でも馬場さんって一緒に動く人が多いんですよ。奥さんとかマネジャー、あとスタッフの方もいらっしゃいますし。それでみんなで食べに行ったりすると、みんな少食だから「小橋！　お前食べろ！」「食べて練習して寝ないとダメだ！」っていろいろくれるんですよ。それで「はい！　ありがとうございます！」って言って、僕も調子にのって食べるんですけど、あれはキツかったですね（笑）。

――おいしいものを楽しむ余裕もない。

小橋　そうでしたね。だから「当時、何がおいしかったですか」って聞かれても「あの一品がおいしかった」とかそういう記憶がないんですよ（笑）。あの頃は「食べるのも練習だ」ってよく言われてたんですけど、意味がわかりましたね。食べられることはありがたいことなんですけど。そういう意味ではいろんな経験させてもらいました。

――付き人といってものんびりおいしいもの食べられるわけじゃないんですね……。

小橋　それで馬場さんがまたいろんなことをしてくるんですよ。馬場さんが「ステーキ食べよう」ってステーキ屋さんに入るんですけど、「小橋どれにする？」って聞かれても遠

慮するじゃないですか。結構な値段もしますし。「じゃあ200グラムのこれで」とか言ったら「馬鹿野郎、そんなのじゃダメだ」ってお店の人に1ポンドのステーキを注文して、さらにいろいろ注文するわけですよ。

――馬場さん自身も「食べろ食べろ」って感じなんですね。

小橋　しゃぶしゃぶに連れて行ってもらったときは、けっこう何回か肉をおかわりしたんですけど、会計する時に「この野郎、10万円も食いやがって！」って笑いながら言われたこともありましたね。

――若いレスラーがガツガツ食べるところを見るのがうれしかったんでしょうね。

小橋　あと馬場さんって、食事のあとにホテルでコーヒー飲みながら葉巻を吸うことが多かったんです。だからいつもポケットに葉巻が3本くらい入ってるんですね。1本吸い終わるのに30分くらいかかるから、残り本数を見て「今日は何時くらいに布団に入れて、何時間くらいは寝られるな」って計算してましたね。

馬場さんも思わず「馬鹿だなー」

小橋　あと、馬場さんから「馬鹿だなー」って言われた思い出があって。金沢で輪島さん

（輪島大士）の合宿をやったことがあるんですけど、馬場さんの付き人として自分も行ったんです。それで合宿練習が終わってお寿司屋さんに行くことになって、先輩たちは酒を飲みながら寿司食べてるし、相撲出身でエリートの田上さんは一緒になって寿司を食べてるわけです。入ってきたのは僕より後なんですけど。だから田上さんが食べられるなら僕も食べていいのかなって思っていて注文の順番が回ってきたら馬場さんに「お前は頼まんでいい！」って言われたんですよ。

——えー！

小橋　「お前はあの出前用のおひつでめし食ってろ」って言われたんですよね。そしたら本当におひつに白ごはん、あとまかないの煮付けみたいなのがのってるだけで「お前はこれ食え、寿司は食べんでいい！」って。

——それは悔しいですね。先輩だけならまだしも、田上さんまで寿司を食べているのに自分は食べられない。

小橋　でもそれがもう本当に悔しくって、おひつのごはんは全部食べ切りました。それ見て馬場さんが「お前、本当に全部食ったのか！」って。びっくりされましたね「馬鹿だなー」って。

——アハハ、馬場さんなりのかわいがり方だったんですかね。

小橋　いやー、あとから見たら笑える話ですけど、その当時は笑えないですよ。悔しくてしょうがなかった。でもその悔しさがのちの自分を作っていってくれたんだと思う。その悔しさがなかったら、もしそこで輪島さんたちと寿司を食べていたら、今の自分はなかったでしょう。それをバネにして頑張れたんだと思います。あと、もう一度馬場さんから「馬鹿だなー」って言われたことがあって（笑）。

――馬場さんもけっこういたずら好きですね（笑）。

小橋　地方に行けば行くほどホテルにレストランとかないから、試合後に食べる所を探さなきゃいけないんです。それである街で食事をしてお腹いっぱいになって、さあ帰ろうってときに馬場さんが急にポケットを触りだして、２０００円を僕に渡したんです。目の前にラーメン屋さんがあったんですけど、そこを指さして「この２０００円分、全部食べてこい、おつり残すな」って言ってくるんですよ。もうこっちはお腹いっぱいなのに。

――そんな無茶ぶりするんですね、馬場さんって（笑）。

小橋　「もう食べられません！」って言ったんですけど、お金ももったいないじゃないですか。それに「馬鹿野郎、あんなんでお腹いっぱいとか言ってるようじゃ、一流の選手になれないぞ」って言われて。その「一流の選手になれない」って言葉が僕に火をつけたんですね（笑）。

——小橋さんもあえてその誘いに乗りますね！

小橋　その2000円を持ってラーメン屋さんに行って、とにかく一番高いラーメン……たぶんチャーシューメンかなんかを頼んで、あとは差額でジュースをずらっと並べて（笑）。食べたふりをすればいいんだけど、それはいやだったんですね。嘘をつきたくなかった。とにかく食べて流し込んで、おつりはほんとに何十円かって感じで。馬場さんに「ごちそうさまでした！」ってレシートと端数のおつりを渡したら「お前、本当に食べたのか！」って笑ってましたね。その時も「馬鹿だなー」って言われました（笑）。懐かしいなあ。

三沢さんとの酒は朝までコース

エリート選手の中で囲まれてデビューした小橋さんですが、持ち前の練習熱心さで頭角を現していきます。特に三沢光晴さんとは『超世代軍』として選手が離脱した全日本の評判を取り戻すとともに、アジアタッグ選手権に世界タッグ王座を狙うタッグチームとして、そして好敵手として何度もぶつかり合う関係に。

——試合での活躍も増えていく中で三沢さんと一緒に動く期間が長くなっていったと思い

ます。タッグや同じユニットの期間も長かったですし。

小橋 そうですね。お酒を強要するタイプじゃないんですけど、三沢さんはお酒も長いというか、朝までコースですよね（笑）。

――そもそも小橋さんってお酒は飲まれるんですか？

小橋 自分からはあんまり飲まないですけど、お酒の席になると楽しくなっちゃうんです。酔っ払ったら……危険ですよ（笑）。

――どういう方向で危険なんですか。

小橋 気付いたらベッドでひっくり返ってたとかそういうタイプですね。記憶を失っちゃうこともあったんですけど、三沢さんからは「小橋ぃ、おまえ酔っ払ったらさぁ、いつも『一緒に（もう一軒）行きましょうよ～』って言うんだよなあ」ってよくからかわれてましたね（笑）。やっぱり三沢さんは酒豪っていうか、勢いで飲むタイプじゃないんですけど、ちょいちょい口にして、ずーっと飲んでる。

――三沢さんも小橋さん同様、グルメってタイプではなかったんですかね。

小橋 そうですね、そんなこだわりもって食べるって感じではなかったですね。味にこだわりを持ってるのは、川田さん（川田利明）とか。

――なるほど、今お店をやってるくらいですもんね。

小橋　人に飲ませるのも川田さん……（笑）。

――そうなんですね。

小橋　やっぱり、天龍さん（天龍源一郎）の流れを汲むんですよね（笑）。イッキ飲みとか、合図したらもう飲まなきゃいけない。でも、僕らが10杯イッキしてる間に天龍さんは1杯イッキする感じですよ（笑）。そんな感じでつぶされてましたね。川田さんとか、こういうグラスに（ジョッキくらいの身ぶりで）焼酎いっぱいでイッキするんです。水も入ってないんですよ？　だから僕らもしょうがないから飲んで。

――天龍さんはイメージ通りですね！　飲む相手は変わっていった感じですか？

小橋　自分にも付き人がつくようになると、もう若いのとだけで行ったりするようになりました。でも三沢さんとは会いましたね。川田さんとは……飲まなくなりました（笑）。やっぱり試合で向かい側に立つようになると、プライベートで一緒に行動することもなくなるんですよ。よく一緒に飲んでいた三沢さんともやっぱり試合で頻繁に当たるようになったらごはんを食べに行くことはなくなりましたね。お祝い事のときとかくらいで。別に険悪でいがみあってるわけじゃないけど、試合を見た人がその後に僕と三沢さんが仲良くごはんを食べてるところを見たらしっくりこないと思うんです。僕らにとってもお客さんにとっても、やっぱりリング上でメラメラ燃え上がるものをぶつけられるようにするのが一番大事なので。

腎臓がんとの闘いを支えた一皿

――その意識の高さもあって、小橋さんはノア時代に「絶対王者」と呼ばれるなど、試合内容も結果も素晴らしいものを残していきました。しかし、けがや病気との闘いもありました。

小橋 そうですね……。やっぱり腎臓がんが一番きつかったですね。腎臓にはタンパク質の摂取がよくないんです。でもタンパク質を摂らないと、筋肉が作れない。だからスポーツ選手で腎臓がんになった人はまず復帰できないんですよ。特にコンタクト系の選手は。僕も絶対ダメだって散々言われました。

――お医者さんからはまず復帰は無理だと。

小橋 せめて1試合だけは復帰したいと思っていたんです。なんでかというと「プロレスラーは怪物であれ」という馬場さんの教えがあったからなんです。プロレスラーは怪物でないといけない、そしてリングを降りたら紳士であれという教育を受けてきました。そして腎臓がんから復帰したレスラーはいない。だったら、ここから復帰して試合ができたら

それは怪物じゃないか、という意味で1試合だけでもいいから復帰したかったんです。

――馬場さんの教えを守るために。

小橋　手術してから先生の診察を受けるたびに「もう復帰していいですか」っていちいち聞いていたんですね。先生は「ダメですよ」って普通に返してたんですけど、3カ月くらいしたら「何を言ってるんですか！」ってついに怒られて（笑）。すごい温厚な先生なんですけどね。でも、怒られても聞かずにいられない自分がいたんです。

――ただそう簡単にゴーサインを出せないくらい復帰困難な病気なんですね、レスラーにとって。

小橋　そうなんだと思います。手術から半年たった頃、久しぶりにファンの前に立って挨拶をしたんです。12月の武道館でしたね。その10日後に検査を受けたんですけど、腎臓の数値が急に良くなっていたんですよ。

――プロレスラーならではの奇跡の回復力ですね。

小橋　それで先生のとこに行って、また聞いたんですよ。「先生、復帰していいですか？」って。そしたら初めてゴーサインもらって。「本当にいいんですか？」って聞いたら、「一緒に頑張りましょう」って言ってくれて、それからちょっとずつタンパク質を増やしていって。

――やっぱりファンの前に立つのが一番の薬だったんですかね。とはいえ日常生活に戻るのならまだしもプロレスの試合ができるまでに筋肉を戻すのはかなり大変でしょう。

小橋　とにかく毎日身体と心が葛藤する中で、自分を上げていくのはキツかったですね。ドクターストップ寸前の時もありました。腎臓の数値って、ゆっくりじゃなくて急激に悪くなるんです。だから「もうやめましょう」と言われたこともありましたし。自分も復帰するならみんなに祝福してほしいですから、どうしても無理なら諦めようと思っていました。無理に自分が出ていって、悪化したら先生たちの責任になるじゃないですか。そんなことはしたくない。そういうギリギリのところで復帰まで持っていけた感じです。

――その中で小橋さんを支えてくれたものは何でしょう？

小橋　その時の食生活を支えてくれた妻ですね。当時はまだ結婚してなかったんですけど。食生活、それと心の部分を支えてくれました。

――そうなんですね。タンパク質が摂れないということで、食事は特殊になりますよね。

小橋　腎臓食ってのは本当にひどいもので、最初はわからなくて宅配の腎臓がんの患者用の食事を食べていたんです。

――普通の食事とどう違うんですか。

小橋　例えばエビフライをつまんで持ち上げると、衣がぽとんと落ちて鉛筆の芯みたいな海老がついてるんです。普通は海老が7割か8割じゃないですか。腎臓食は逆で、衣がほとんど。普通タンパク質9で脂質が1なら、それがもう逆なんです。

——身体のためとはいえ、せっかくの食事でそれは気分が上がりませんね。

小橋　それを見て妻が「もう私が作る！」って言い出したんです。

——その頃の奥様の思い出の料理ってありますか？

小橋　ポテトサラダですね。普通のポテトサラダなんですけど、塩分少なめでタンパク質も少なくしていろんな工夫をしてくれたのを思い出します。僕が食べやすいようにしてくれて……ありがたかったです。今も妻のごはんを食べてますけど、僕の人生のなかでもあれは特に忘れられないメニューですね。

「あまりグルメじゃないから！」と笑顔で断りながらも、波瀾万丈のプロレス人生について語ってくれた小橋さん。特に印象的な食事として挙がったのがお母さんの作ってくれたごはんと奥様のごはんというのが小橋さんの飾らない性格そのままが出ているようで、納得させられました。

身近な人の気持ちの込められたごはんが一番おいしい。

そう受け止める真っ直ぐさこそ「絶対王者」の強さであり、優しさなのかもしれません。

中西学

レスラーめし

VOL.2

最強のための朝食「モンスターモーニング」

写真提供／新日本プロレス

MONSTER
M
MORNING

写真提供:新日本プロレス

PROFILE

中西学

なかにし・まなぶ＝1967年 京都府生まれ。高校時代よりアマレスで活躍し、全日本選手権4連覇を達成。1992年に開催されたバルセロナオリンピックに出場したのち、同年8月に新日本プロレスへ入門。藤波辰爾に「SGタッグリーグ」のパートナーに抜擢されて、1992年10月13日、スコット・ノートン＆S・S・マシン戦でデビュー。1999年8月、『G1 CLIMAX』の決勝戦で武藤敬司を下し、同大会を初制覇。永田裕志とのタッグでは第39代IWGPタッグ王者となる。2003年には総合格闘技やK-1にも初挑戦。2009年5月に棚橋弘至を下し、デビュー17年目にして悲願のIWGP王座初戴冠。第51代王座に輝いた。

昔から小説や漫画に出てくる「強い男たち」の見せ場といえば、痛快な戦いっぷりはもちろん、豪快に「めしを食う姿」もそのひとつでした。

ガツガツ、バクバク、ムシャムシャ。そんな漫画ながらではの擬音が似合うヒーローたち。そんな姿を見てきたからか、プロレスラーにも「豪快なめし」を期待してしまうところがあります。

まさにそんなレスラー像を地で行き、さらにその姿をSNSで世界に発信しているのが〝野人〟こと中西学選手です。

今や新日本プロレスの数多くの選手がアカウントを持っているTwitter。その中でも、中西選手がアップするたび話題になるのが、その常人離れした量の朝食の写真投稿、通称〝モンスターモーニング〟。まずはその話題からうかがってみましょう。

「『根こそぎ朝食を取られる!』って思ったんでしょうね」

――中西選手といえば、巡業中の朝食をＴｗｉｔｔｅｒにアップするモンスターモーニング！　あれは何がきっかけで始まったんですか？

中西　あれはＴｗｉｔｔｅｒを始めたけど書くことがなくって、朝の「おはよう」と夜の

「おやすみ」くらいしかつぶやかないから、なにか書くことがないかと考えてたんですよね。それでその頃、ストロングマン選手とタッグを組んでいたので、ふたりのめしを載せようかと思って始めたんです。

――中西選手とストロングマン選手というと〝マッスルオーケストラ〟として東スポプロレス大賞で最優秀タッグ賞も受賞しましたね。

中西　でも本当は彼、朝はあんまり食べないんですよ。夜にがっつり食べるタイプで、僕は朝型。しかも「筋肉のために炭水化物は一切摂らない」「10数年摂ってない」という気持ちの強い奴でしたね。僕もそんな彼の目の前で食べるのが辛くて、常にコーヒーを飲ませていたんですよ。それでお手洗いに頻繁に行かせるようにして、その間に僕が炭水化物を食べるっていう。

――一応、気を使ったんですね（笑）。

中西　それで「なんでお前は俺にコーヒーばかり飲ませるんだ！」って怒るから「もっとお前がカフェインを摂って、少しでも脂肪が減った筋骨隆々のすごい身体をアピールできるようにだ」って言ったら、「なんて優しい奴だ！」って感動してましたね。本当はこっちが炭水化物を食べたいだけなんだけど（笑）。

――そこから始まったモンスターモーニングは、地方興行で向かった先のホテルでの朝食バイキングを毎回Ｔｗｉｔｔｅｒにアップしているわけですよね。中西選手的に食べるもののバランスは決まっているんですか？

中西　基本はそこに出ている全種類を食べていきますが、野菜は多めに摂りますね。あと炭水化物はおかゆがあったらおかゆにしたり。基本的に嫌いなものはないし、なんでも食べます。それに朝しっかり野菜を食べて栄養をつけたら、あとはお昼はちょこちょこ、夜もちょこちょこ食べればいいですから。

――いつも写真の真ん中にボウルいっぱいの野菜がふたつ並んでいますよね。

中西　普通のお店だとサラダを頼んでも、量が足りないんですよね。でも、ああいう朝食バイキングだとたくさん野菜がありますから。野菜の種類をいろいろ出してくれるところはうれしいですね。

――いままでホテルで止められたことはないですか？

中西　あるホテルに2日ほど泊まることになったんですけど、最初の朝ごはんはモーニングの時間が終わる寸前に行ったんです。それで残ってるものをちょこちょこっと後片付けみたいな感じで食べたつもりだったんですけど、翌日、朝一番に行ったら「他にもお客さんが来るので食べ過ぎるのは困ります。もう二度と来ないでください」って言われて。だからその時は、献身的なくらいの量に抑えました（笑）。「そしたら最後、印象変わるかな？」

と思ったけど、帰る時「また来てください」とは絶対に言われなかった。「あー、このホテルは二度と来たらダメなのか」って思いましたね。あっちからすると「根こそぎ朝食を取られる！」って恐怖があったんでしょうね。

――最後だからと後片付けしたのが裏目に出た。

中西　普段は混んでいるときに行ったら迷惑かなと早めに行って、隅っこの席で隠れながら食べているんです。写真を撮っているから、すぐバレるんですけど。ホテルにつくと「朝ごはんは食べますか？」って聞かれますしね。だから他の選手たちにも迷惑かけないように、最近は「出稽古」って言って、別のホテルに行って食べたりしています。

――モンスターモーニングにも気を使ってるんですね（笑）。さっき朝はあれだけ食べても、昼夜はちょこちょことおっしゃってましたけど、昼と夜はどのくらい食べるんですか？

中西　巡業中だと朝にあれだけ食べたらお昼はうどん一杯するとか、パンだけ食べるとか、そんなもんです。夜も飲みに行くことがなければ帰ってシャワーを浴びて寝るだけですから。

――朝は他のレスラーも〝モンスターモーニング状態〟だったりするんですか？

中西　レスラーですから普通の人に比べれば食べるんでしょうけど、僕みたいな量を食べる人はいないと思います。どっちかというと夜型が多いんじゃないかな。

――やはり家での朝食もモンスターモーニングなんですか？

中西　そんなことないですよ。起きたらパスタを茹でて、納豆を刻んでひきわり納豆にして、そこにトムヤムクンの素と温泉卵を入れてパーッとつけ麺みたいにして食べたりします。あとは玄米ごはんを炊いて食べたりですかね。その後、道場に行って練習して、ちゃんこも食べます。夜は家に帰って、なにかあるんだったら作って食べるか、外で食べる場合もありますけど。

――さすが料理上手というか、普段の朝食もおいしそうです！　いつもモンスターなわけではないんですね。

中西　今より昔のレスラーの方がもっと食べていると思いますよ。アンドレ（アンドレ・ザ・ジャイアント）なんか、いつも訪れた先のビールを全部飲んでしまったらしいし。ジンギスカンが売りのビアホールに行って、肉はたくさんストックがあったから出せたけど、ビールがなくなってしまったって話を聞いたことがあります。僕なんか足もとにも及ばないですよ、レジェンドたちのレスラーめしには。

――いえいえ、中西選手もＴｗｉｔｔｅｒでレスラーのモンスターっぷりを広く伝えていますから！　ちなみにそんな中西選手にも嫌いな食べ物ってありますか？

中西　……（考えて）ドリアンかな！　もともと食べられないというか、食べる気がしなかったんですけど、以前タイに行ったときに「ドライドリアン」てのがあって。ドライだったら食えるかな？　と思って食べてみたんですけど、あれは食いもんじゃない（笑）。ドリアンだけは生もドライも食べられないですね。

子供の頃の思い出の味は母親のアジフライ

中西選手といえば、相手選手を担ぎ上げるアルゼンチンバックブリーカーを必殺技に、小細工なしのパワーファイトでＩＷＧＰヘビー級王座戴冠やＧ１クライマックス優勝などの実績を重ねてきました。

まさに〝和製ヘラクレス〟というにふさわしい中西選手の身体。そのもとになったのは、子供の頃に農業を営む父親を手伝っていたことだとか。子供の頃から五輪出場を目指していたという若かりし頃の思い出の味を振り返ってもらいます。

――中西選手は子供の頃からかなりごはんの量を食べる方だったんですか？

中西　食べる方でしたね。兄弟が何人かいて、全員分のりんごを買ってきたけど、僕がひとりで全部食べたりしてました（笑）。家は田舎だったので手の込んだものはそんなに作

MONSTER
M
MORNING

らなかったですが、おふくろの味みたいなのがアジフライなんですよね。

――アジフライですか。

中西 こっち（東京）だといろんな江戸前の魚があるけど、京都の方だとアジとかサバとか、安い魚ばっかりなんですよ。好きなんで食べてましたけどね。ただ東京でアジフライっていったら、ちっちゃいアジを割いて、扇形にして尻尾がついているやつじゃないですか。そうじゃなくてアジを三枚におろして、中の骨はしっかり取って、皮のついた切り身に小麦粉と卵、あとはパン粉をつけて揚げたやつ。それに気の利いたソースをつけるわけでもなくて、ケチャップをつけて食べていたんですけど。それをうまいなーって思って食べていました。

――アジフライはよくお母さんが作られていたんですか？

中西 そうですね。もともと魚をおろしたりはしないんですけどね、母親は魚が嫌いだったから。でも肉も好きじゃなくて、「それよりマシや」って言ってよく作ってくれました。牛肉を食べるといったらカレーに少し入ってたり、たまに野菜炒めに入っていたりとか、お正月にすき焼きを親戚一同で食べるくらいでしたね。

――肉嫌いだったお母さんが作る食事からよくこんな筋骨隆々とした子供が育ちましたね（笑）。レスリングは高校から始められていますけど、それまで何か運動はしていたんですか？

中西　ほとんどしていないです。ただ学校のどの生徒よりも家が遠かったので、よく歩いたのが運動になったのと、親父が農業をやっていてその仕事の手伝いで足腰が強くなったと思います。肉はあまり食べられなかったけど、他のものはよく食べていましたね。

――高校でレスリングを始めて食生活は変わりました？

中西　そうですね。ついていけないんですよ、練習に。他はみんなスポーツ歴があるんですけど、自分はそれまで運動らしい運動をしたことがないから。レスリングを始めたのも、ただただプロレスが格好良いから。「レスリングを始めたらプロレスラーになれるんじゃないか？」と思って始めただけですから（笑）。それでも同期のスポーツをしていた人間にはかなわないんで、「これはキツイな、しっかり食べないと」って思ったんです。それまでは適当に好きなもの……炭水化物が好きだったんでごはんにちょっとしたおかずと漬物とかでパパッと食べていたけど、そういうわけにもいかないと。

――初めて食と身体作りに関する意識ができたんですね。

中西　「身体を作らないとダメだ」っていろいろ言われるようになって、かといって母親に牛肉をたくさん買わせるのも悪いから、当時は身体に良いと言われていた牛乳を飲んで骨を強くして。あとは相変わらず魚でしたね。牛や豚よりも魚。ただ、タンパク質は摂らないといけないと言われていたんで、鶏肉は食べるようにしていました。鶏肉を買ってきて、自分で照り焼きみたいにして焼いて。

――高校卒業後は専修大学から和歌山県庁、そして闘魂クラブ（新日本プロレス内のレスリング部門）でレスリングを磨き、全日本選手権4連覇にバルセロナ五輪出場とすばらしい実績を残されています。より食事に関しては意識が高くなっていった感じですか？

中西　そうですね。でも、もともと炭水化物が好きでしたからね。6割くらいが炭水化物だったと思います。だんだんいろんなお店に行きだして、おいしいものを食べられるようになりました。

――大学生の頃の食生活はどんな感じだったんですか。

中西　寮だったんで、朝ごはんと晩ごはんは食べられるんですよ。ただそんな気の利いたものは出てこなかった。ごはんは食べ放題だし、野菜は食べられるんですけど肉はそんなに出なくって、栄養のあるものが出てくる感じでもない（笑）。だから肉を食べたかったら自分で肉屋さんに行って買ってきていました。寮にはフライパンやコンロがなかったのでオーブントースターに銀紙かなんかを置いて、それでスペアリブ風の味付けをして焼いたりとか、そんなふうにして食べていましたね。

――自炊で肉はまかなう、みたいな。

中西　部屋で先輩たちと飲むことが多かったんで、そのときにおつまみを作る係みたいになったんですよ。大きい白菜を買って、部屋でホットプレートで焼いて食べたりしたら安く済みますからね。それに人が集まってきたら、自分はおつまみを作っていれば先輩が買ってきた酒がタダで飲めるから、いいかなと（笑）。

——けっこう料理をされていたんですね。当時の得意料理は何でした？

中西　もう簡単なもんですけど。白菜やキャベツが1個あったら野菜炒めやレバニラを作ったり、そういう感じですよね。当時は肉もあまり安くはなかったんで、簡単なものしか作っていないですよ。一度安い肉があって、買ってきたらスネ肉で、焼いてみたら硬いのなんのって（笑）。匂いで先輩が寄ってきたけど、「こんな硬いの食えるか！」って怒られたりもしました。

——いかにも大学生の寮って感じですね。

中西　今なら食べ放題とかに行くんでしょうけどね。30年前とか、そんなになかったですから。当時はディスコに行ったら焼きうどんとか揚げ物とか、あとフライドポテトとかそんなんが食べ放題になってましたけど、そんなもん食べてもね。

——じゃあレスリング部の全員、ごはんはがっつり食べる感じで。

中西　でも選手によっては減量が大変なんですよ。僕はどっちかというと増量の方が多か

写真提供:新日本プロレス

ったんですけど。だから減量中の選手がいるときに、僕がホットプレートで料理を作り出すと、周りに匂いが広がって「本当に地獄だ」って苦しんで。いまだにOB会で集まると「あれは死ぬほど辛かった」って言われますからね（笑）。

橋本真也特製〝原価5000円〟のラーメン

新日本プロレスのレスリング部門・闘魂クラブでの活動を終えて本格的にプロレスラーとしてデビューすることになった中西選手。

橋本真也・武藤敬司・蝶野正洋といった三銃士世代がブレイクして華やかな東京ドーム興行が定着する90年代。その頃の新日本プロレス道場の「食の光景」とはーー。

――それから新日本プロレスにプロレスラーとして入団されましたけど、最初は寮での新弟子ということでちゃんこ作りからスタートですか？

中西　そうですね。ちゃんこの作り方とかを指導してくれる寮長がいるんですけど、基本は鍋で。豚しゃぶや牛しゃぶ、キムチちゃんこ、味噌ちゃんこ、あと魚のタラを使ったのとか鶏骨付きとか。カレーちゃんこみたいなのもありましたね。

——肉とスープの種類でバリエーションをつけていく感じの。

中西　そうですね。変わったところだとトマト風味のちゃんこもありました。あんまりって言っちゃアレだけど、出たら食べるって感じ（笑）。ここ10年だとジンギスカンをやってみたりもしましたけど、やっぱり基本は鍋です。ちゃんこっていうのは、力道山先生がもともと相撲出身だったんで、そこから来ているのもあるんですけど、いろんな栄養が摂れるし体に脂もつかない。身体作りにはいいんですよね。

——中西選手は料理を作るのは上手な方でした？

中西　いや、うまくはない。言われたことをやるだけだから、誰が作っても大差ないですよ。関西人なんで、鍋といっしょに食べるサイドメニューとしてお好み焼きをホットプレートで作っていたら、ちゃんこを食べないでそればっかり食べる人が出てきたこともありました。でも、ずっとお好み焼きばっかり焼いて「俺、何やってんだろ」って思ったことはありましたね（笑）。

——中西選手がホットプレートで作る料理には定評がありそうですね。その頃、道場で食べた料理で思い出のものってあります？

中西　最近はあんまり作らなくなったんですけど、テールスープをよく寮で作っていました。坂口さん（坂口征二＝現・新日本プロレス相談役）が、詳しい人から伝授してもらっ

写真提供:新日本プロレス

た幻の味なんです。1日目に大量のテールを煮込んで、余分なものをとって、野菜をバンバン入れて秘伝の味付けで煮込んで、2日目になると骨から身がうまく外れてくる。でっかい鍋でたくさん作るんですけど、テールスープを作るとリング屋さんなんかも話を聞きつけて食べに来るんですよ。だからもう2日目の昼とかには全部なくなっちゃう。最近はテールが手に入れづらくなったのか、作ることがなくなりました。

——坂口さんが自ら作られるんですか？

中西　直伝のスープのレシピをどっかから聞いてきて、料理する人に伝えてあとは任せていました。坂口さんが作ってたわけじゃないです。

——では、料理と選手というので印象深い人はいますか？　先輩でも後輩でも。

中西　先輩だと、亡くなられた橋本真也さんがよくラーメンを作っていたんですよ。ちゃんとダシをとったりするんですけど、自分は作るだけ作って、後片付けは新弟子の係なんです。僕がまだ新弟子じゃなくて闘魂クラブにいた頃、橋本さんに「中西、このラーメンに何を入れたらいいと思う？」と聞かれて、「カツオとか入れたらいいんとちゃいます？」って答えたら、後片付けをさせられる若手に「余計なこと言うな、中西！　俺らが始末しなきゃいけないのに！」って怒られて。

——橋本さんは作るのが専門で、片付けはまったくやらないんですね（笑）。

中西　そのあと、台所にカツオ節の山がばーっとできていて（笑）。「ああ、これ片付けなきゃいけないのか、悪いこと言ったな」と思いましたね。橋本さんのラーメンは本当においしいんですけど、一杯あたりの原価は5000円くらいしてたんじゃないですかね（笑）。豪快で面白い先輩でした。

――橋本さん、イメージどおりです！

「こんなん食べても性欲が強くなるだけじゃ！」

橋本さんの食のエピソードで盛り上がりましたが、珍味への関心でいえば、実は中西選手も負けていません。普段プロレスラーが食べれない美味・珍味を食べられる機会といえば地方巡業。そんな時に中西選手が食べた一生に一度の珍味とは？

――プロレスラーって地方巡業のときに地元の方においしいものを食べさせてもらったりとか、そういうのもあるのかなと思うんですけど、巡業中の思い出の味ってありますか？

中西　巡業先に珍しいものを食べさせてくれる人がいて、以前北海道に行ったときに、〝熊の手〟を食べさせてもらいましたね。

――珍味としては有名ですけど、食べた人の話を聞くのは初めてです！

中西　どっちの手かわからないですけど、蜂蜜をなめる方の手がうまいと言われているんですよね。ツキノワグマならわかるけど、ヒグマだったらすごいなーっと思って。凶暴じゃないですか。それで、やっぱりでかいんですよね、手も。それを老酒につけて臭みを抜いたやつを食べさせてもらいました。野生の生き物の中でも、熊っていうのは臭いがすごいんでしょうね。何日もかけて老酒で臭みを抜きました、みたいな感じで。ただ見た目で熊の手ってわかるように爪だけは残してあって。

――どうでした？

中西　ほとんどゼラチンみたいな感じでした。身体に良さそうっていうか、おいしいのはおいしかったんで、あっという間に食べました。料理の仕方が良かったのか、あまり臭みもなかったし。

――それは貴重なものを食べましたね。

中西　あと若手時代に先輩におごってもらった話でいうと、坂口相談役に「おい、寿司食うぞ」とか「焼肉食うぞ」って言われて、けっこう連れて行ってもらいました。それまでタンとかを食べたことがなかったんですけど、分厚いタンを食べさせてもらって「これはうまいわ！」って感動しました。

――食事中の坂口さんはどんな感じなんですか？

中西　坂口さんは、食べてるときにはうんちくとか言わないんです。食べてるものについてあれやこれや言わない。ワハハハ！　と笑うだけで、それでいいものを食べさせてくれる。あとはもう黙って焼酎を飲んでる人なんで、かっこええなあ～って憧れました。

――いい飲み方ですね。他に若手時代の思い出のめしってありますか？

中西　あとは、まだ闘魂クラブの頃に、ふと「なんかとてつもないものを食べたら、もっと強くなれるんじゃないか」と、とんでもない考えを持った時期があって。それで新宿西口の『思い出横丁』、あそこにゲテモノを出すお店があって……。

――もしかして『朝起』ですか？　カエルやサンショウウオ、あと牛や豚の性器といった精力のつく料理で有名な？

中西　そうそう！　何を食べたかはあんまり覚えていないんですけど、ホーデンとかガツとかを食べたんじゃないかな。それでうまいなーって親父さんと話して、なんかもっと精のつくものないですかね？　って聞いたら「牛のペニスがあるけどね」って言われて。それで、さっき食べたのがそれだよって言われて、それで僕も「おいしかったなー。これ食べたら、もっと強くなりますかね？」「毎日食ってみたらどうですかね？」って話をして。そしたら「どうかな～、ちょっと待っててね」っておっちゃんが奥に行くんです。何してくんのやろな？　って思ってたら、ポリ袋いっぱいに牛のペニスを持ってきてくれたんですよ。値段にしたらいくらになるかわからんくらい。

――え、それを中西選手に？

中西　そうですよ。それを「持ち帰り！」って、くれたんですよ。こっちはマジで⁉　って思って。田舎から出てきてスポーツを頑張ってるくらいの話はしましたけど、新日本プロレスのことまでは話していないのに。それで、とりあえずそれを寮長のところに持っていったら「こんなとんでもない材料、どうしようもないよ！」って言われて（笑）。「いやいや、せっかくもらったから、これでなんか作ってください！」ってお願いして。

――中西選手も自分ではどうにもできませんでしたか。

中西　もうその下ごしらえをするだけでものすごい時間がかかって。大鍋で煮てもらおうと思って「こんなの誰も食わんぞ」「いや俺が食べるから」っていうやりとりして。「なんで選手でもないアマチュアのためにここまでしないといけないんだ！」「いやほんとごめんなさい、でも食べたら強くなると思うんで」「こんなん食べても性欲が強くなるだけじゃ！」って怒られて、散々でしたね（笑）。

――普通は牛のペニスなんて調理しないですよ！　ちなみに今の新日本プロレスの寮監さんは〝虎ハンター〟小林邦昭さんですよね。

中西　小林さんは料理上手ですよ〜。サイドメニューで麻婆豆腐を作ってくれるんですけど、豆腐がめちゃめちゃデカいんですよ。携帯の半分くらいのサイズで。でも一回湯通ししてから出すから、なかなか崩れないんです。あとステーキとかも小林さんが焼くと本当にうまい。どんな肉でもあの人の腕にかかると絶品になりますよね。リベラってステーキ屋さんがあるじゃないですか。あそこから「小林さん、ステーキ屋さんやらないですか！」って言われてましたから。今の新日本の選手は小林さんに胃袋を握られてますよ（笑）。

――いずれ小林さんのところに取材に行かなきゃですね！

アメリカ修行時代に作った牛すじおでん

――あと中西選手はリングネーム「クロサワ」としてＷＣＷのリングにも上がられてました。海外でのめしの思い出ってありますか？

中西　最初に行った頃はそんなに物価も安くなかったんですけど、肉だけはいっぱいあるんですよ。だからタレを自分で作って焼肉にして食べてましたね。でもね、やっぱり魚を食いたくなるんですよ。

――魚料理になじんできた日本人としては。

中西　東京にいるときは、どっちかというと肉が食べたかったんですが、海外だとやっぱり魚が恋しくなる。「塩焼きが食べたいな！」って。ただ、スーパーに魚を買いに行ってもサーモンの切り身とかしかない。自分はもう、一匹まるごと焼いて食べたいんです。それで友達と一緒に海の近くまで行って一匹の魚を買って。あれはシートラウトやったかな？　それを食べた時は幸せでした。「これと漬物と味噌汁があったら最高やのにな！」って、骨まで食いましたよ。

――骨まで食べ尽くすくらい魚に飢えてたんですね。

中西　向こうの人って、魚といえば切り身ですからね。それも海が近いところだったらまだよくて、内陸の方だったら「このへんで魚といったらナマズ」って言われたりする（笑）。今だったらナマズでも食べてみようと思えるけど、その頃は「ナマズはちょっとなー」って手はつけられなかったですね。

――魚が食べられない以外で苦労はありました？

中西　あとは、あっちの人はそんなに野菜を摂らない。日本だと味噌汁とかお漬物とか煮物とか、自然と野菜を食べる機会があるじゃないですか。あっちだとわざわざサラダを食べないと、ぜんぜん野菜を摂ることなかったりしますからね。だから野菜を買って自分で鍋を作ってました。

——アメリカに行ってもちゃんこを作ってたんですね。

中西　あっちにはファーマーズマーケットっていうのがあって、そういうとこに行けば野菜は安いから。3パウンド（1・36キロ）買って1ドルとかそんなもんだったから。どこに行っても玉ネギはあるから、あとチャイニーズキャベツがハクサイで、チャイニーズラディッシュがダイコン。コリアンラディッシュっていう丸いやつ。そういうのを買って、ちゃんこにして食べてましたね。味ぽんがないからレモンを絞って。

——それが中西選手の〝アメリカちゃんこ鍋〟なんですね。焼き魚にしろ鍋にしろ、自力で探して作っていたのがすごいですよ。

中西　でも、自分はそれで良かったんだけど、外国人レスラーはそういうのよりも焼肉の方が好きみたいだ。Tボーンステーキみたいなのでも1ポンド1ドルぐらいで売ってるから。ただ、安い肉だと骨の所にけっこうスジが残る。それでこのスジでなにか作れないかな？　って思って、そのスジで牛すじおでんみたいなものを作ってみたりね。おでんっていっても、豆腐とジャガイモと卵とダイコン、それに牛スジを入れたら良いダシが出て、なかなかおいしいのができたのを覚えてる。

——むちゃくちゃ本気の料理ですね。テレ朝動画で放映されていた冠番組『人類プロレスラー計画　中西ランド』では、たびたび料理の腕前を披露してましたけど、その頃がルーツなんですか。

中西 いやあ、アメリカには行ったものの、試合でスター選手をケガさせてしまって、けっこう干されていた時期があったんでね。その時に練習やりながら家で料理を作ってたんですよ。家で友達を呼んでパーティーしたりしてね。会社の方からは「いい加減、お前何しに行ったんだ？　試合しないのか」って電話がかかってきて、「いやいや、そのうちするから」とか言って（笑）。それでも1年半くらいアメリカにいさせてもらいました。

——それで料理の腕を上げて帰ってきたと（笑）。

中西 アメリカでは漬物も漬けたかったんですけどね、糠が手に入らなくて。まだ今ほど日本食の店もなかったな。でも安いもので作ろうと思ったら、韓国ショップに行けば代用品みたいなのもたくさんあったんで。まあ、醤油さえあればなんとかなりますよ。

めしでもすごいところを見せるのがプロレスラー

——中西選手は大食い企画みたいなものに呼ばれることが多いですよね。フードファイターと戦ったりして。

中西 昔は特に準備もしなくて「できたらできた」「できんかったらできんかったでええ

わい」と思っていたんですけど、最近はちゃんと準備するようにしてますね。前の日から食事制限して、下準備で野菜だけは摂ったりして。

――フードファイターと戦って負けるとやっぱり悔しいですか？

中西　だいたい女の子とやることが多いんです。ちっちゃい女の子とこんなゴリラみたいな男がやって、ゴリラが負けると悔しいですね（笑）。でも大食いに関しては、番組のために朝から晩まで長い時間食べ続けないといけなかったり、本当に過酷ですよね。我々とは違うトレーニングも必要なのもわかるというか。

――本当にアスリートの世界になってますもんね。

中西　小林尊くんみたいなプロのフードファイターとか、すごいですよね。もうスポーツとして専門チャンネルがあるんですもんね。日本の大食い番組だと、朝から晩まで連れ回すじゃないですか。だから日本の方が過酷だと思いますよ。

――大食いなんかもそうですけど、昔と今だとレスラーにとっての食の概念が違いますよね。中西選手くらいの世代だと、若手の頃は「身体を大きくするためにはとにかく食べろ」って言われていましたが、今は「バランスよく食べてサプリやプロテインも」みたいな時代じゃないですか。

中西　僕はあんまりサプリメントは摂らないんですよ。そういう栄養が必要なこともあるんですけど、やっぱりプロレスラーっていうのはすごいところを見せていかないといけないと思うんです。それは試合もですけど、めしでもそうじゃないかなと。それでモンスターモーニングをやっているわけですから。Ｔｗｉｔｔｅｒのあの写真を見て喜んでくれる人がいるのは本当にうれしいですし、そのぶん試合でも活躍していきたいですね！

最近のプロレスラーは昔と違って「親しみやすさが大事」とよく言われます。しかしプロレスラーは一般人にはできない、人を越えた「超人」になる瞬間が見えた時こそ、一番輝ける。

中西選手はその筋肉と試合、そして圧倒的なモンスターモーニングで「やっぱりプロレスラーってすごい」と感じさせてくれるレスラーです。「超人」よりも「野人」の方がすごいんです！

鈴木みのる

レスラーめし

VOL.3

世界一性格の悪い男が愛する「鶏の唐揚げ マヨネーズ和え」

10

PROFILE

鈴木みのる

すずき・みのる＝1968年 神奈川県生まれ。1987年に新日本プロレスへ入門。1988年6月23日、飯塚孝之（現：飯塚高史）戦でデビュー。新生UWF、プロフェッショナルレスリング藤原組を経て、1993年9月に船木誠勝らとパンクラスを旗揚げ。1995年5月にはケン・シャムロックを下し、第2代キング・オブ・パンクラシストに君臨した。2004年2月、髙山善廣とのタッグで第46代IWGPタッグ王者となる。その後、全日本プロレスやプロレスリング・ノアを主戦場に活躍。2010年に新日本プロレスに再上陸し「鈴木軍」を結成。グッズ販売やイベント企画・運営を手掛ける株式会社パイルドライバー代表取締役。自らグッズをデザインしている『パイルドライバー』では店番も担当する。

プロレスラーの強さとは何か。昭和の時代、その答えはシンプルでした。相手コーナーの選手をぶちのめして、ベルトを獲る。それこそが強者の証だったといえます。

時代を経て「強さとは?」の答えは複雑になってきたように思えます。しかしそんな中でも、鈴木みのる選手の求める「強さ」は昔から変わっていないようです。

新日本プロレスからUWF、藤原組、そして日本に総合格闘技を根付かせた団体のひとつ『パンクラス』の設立に関わったのち、現在フリーとして新日本を中心に参戦。

「世界一性格の悪い男」という異名でも知られますが、その試合やたたずまいから伝わってくるのは、徹底した強さへのこだわり。強いからこそなんでも言える。強ければ、どこからも自由でいられる。

そんな鈴木みのる選手が摂る食事も「強さ」とは無縁ではありませんでした。

マヨネーズに山椒をドバドバ

――鈴木選手にとって、子供の頃の思い出の味ってなんですか?
鈴木　思い出の味……ひとつあるのは、今もプロレス年鑑なんかで好きな食べ物のところに「鶏の唐揚げ　マヨネーズ和え」って書いていて。あれ、すごく記憶に残っているんですよね。うちは兄弟が多くて、必ずおかずが大皿で出されたんですよ。よく出ていたのが、大皿にキャベツが敷いてあって、その上に山盛りの唐揚げ。それで8歳とかの頃かな？　コロコロっと転がった唐揚げにマヨネーズがついたんです。それをパクっと食べたら「うわー、うまい！」って感激して。それから唐揚げはマヨネーズをつけて食べるようになりましたね。「油に油つけんのか」って、ずっと言われてますけど。

――決してカロリー的にはいいものじゃないですよね。

鈴木　それにプラスしておまけがあるんですけど、ある日、商店街の定食屋さんに家族で晩飯を食べに行って、俺は唐揚げ定食を頼んだんですね。それで「マヨネーズくれ」ってそこの親父さんに言ったら「じゃあこれもつけろ」ってボンと渡してくれたのが山椒なんですよ。

――マヨネーズと山椒って珍しいですね。

鈴木　最初は「ええ？」って思ってパラパラっとかけたら「違うよ」って言われてマヨネーズにドバドバかけだして。「食べてみい！」って言われて、食べてみたら最高にうまかったんですよ。

――山椒をドバドバってすごいですね。

鈴木　最近は揚げ物を食べないので何かのご褒美に食べる程度ですけどね。ちなみにマヨネーズと山椒はほぼ同量で混ぜるんですよ。

――同量⁉　それって山椒の味がすごくないですか。

鈴木　と思うじゃないですか？　それがちょうどいいんですよ。間違いなく食べた人全員が「うわっ！」ってびっくりしますから。

――今度試してみます！　兄弟の話が出ましたけど、日々おかずの奪い合いって感じだったんですか？

鈴木　もう取り合いですよ、昭和の兄弟ですから（笑）。最後の1個を取ろうもんなら、兄貴から箸でバーン！　ってやられて「それは俺んだよ」って言われるような。どっちがごはんを多く食べられるかっていう競争してましたから。

――じゃあもう成長するにつれて皆が食べる量も多くなって。

鈴木　そうですね。中学生高校生ぐらいには大食いのチャレンジをあちこちでやっていたんで、いろんな所に行きましたよ。「ラーメン大盛り3杯食べたらタダ」とか。あと回転寿司が出始めの頃に「100個食べたらタダ、プラス5000円。サイン入り写真を撮って並べられる」ってところがあって。なんて街だっけ……たしか弘明寺ってところでやってたんですよ。弘明寺の商店街の回転寿司。もうとっくにないと思いますけど。

――100個ってことは50皿ですか。

鈴木　そう、もう余裕でしたね！　練習に行く途中だったんですけど、50皿100個を余裕で食べてお小遣いをもらえて、こりゃいいなとまた行こうと思ったら「1回食べきったやつはダメだ」って2回目は断られてしまいました。

——高校時代はレスリング部で鍛えていたそうですが、周りの部員も食べそうですね。

鈴木　食べてましたね！　ただ、どんなに練習がきつくても、夏場でバテバテになっても、先生がわざと「天ぷらや焼肉を食え」って言うんですよ。昔の人間なんで「食に強くならなきゃ強くなれない」って言って。でも、みんなそんなの食えないんですよ、練習後に焼肉定食とか。オエッてなっちゃうけど、俺はパクパク食ってました。余裕でした！

ハンバーガーなんてドムドムでしか食ったことなかった

高校時代はレスリング部に入り、ひたすら技を鍛え上げた鈴木選手。そんな中、憧れのアメリカの味が横浜にやってきました。さらにレスリングの遠征で現地に行く機会も……！　そこで食べた衝撃の味とは？

——鈴木選手にとって、高校時代の好物ってありました？

鈴木 やっぱり肉ですよ、肉。それとファストフード。流行り始めた頃なんだよね。

――ファストフードって、ハンバーガーとかですか？

鈴木 横浜にマクドナルドの最初のお店ができた時は小学生だったんですけど……今あそこってなにが建ってるんですかね？ ビブレかな？ 1階にあったんですよ。当時はニチイ（笑）。実家がもともとあのへんだったんで開店初日に並んだけどブワーッっと人が並んでて。それでその日はやめましたね。後日食べられたんだけど、ハンバーガーなんてドムドム（バーガー）でしか食ったことなかったから「ドムドムと違う！」と思ったよね（笑）。「アメリカの味だ！」みたいな。あとはケンタッキーフライドチキンとか、やっぱりファストフードと呼ばれる類のものは好きでした。

――今はすっかり日本になじみましたけど、当時は「アメリカの味」って感じでしたよね。

鈴木 めしだけじゃなく、もともとアメリカに憧れがあったんです。免許なんか持ってない中高生の頃からアメリカの車に憧れて。あと音楽だと昔のロカビリーとか、女の子がひらひらしたスカート着てたり、ああいうのにすごく憧れてた。でも現実は「坊主頭で毎日レスリング」なんですよ（笑）。

――横浜ってそういうアメリカ文化のイメージありますもんね。

鈴木 本牧の、今はマイカルだっけ？ あのへんって全部米軍の住宅だったんですよ。子供の時、自転車であのへんに行くと黒人の子がバスケやっていて、じっと見ているとフェンスが壊れてるところがあって「ここから入って来い」みたいに誘われて。言葉がわかんないのに一緒に遊んだりしてたね。

――そんなに実際のアメリカの環境に近かったんですね。

鈴木　うちは酒屋をやってたんで、大きな船が着くと外国人がお酒を買いに来るんです。タイガー・ジェット・シンみたいなターバンを巻いている外国人が来て「誰だこれ？　宇宙人か？」って驚かされたり（笑）。あと港で釣りをしていたらいきなり話しかけられて、見たことのない文字の現地っぽい瓶のコーラをもらったりしたこともあったな。アメリカに大きな憧れがあったんで東京に対しての憧れってなかったんですよね。原宿とか中学のときに行ったけど、横浜の方が面白いじゃんって（笑）。昭和50年代くらいはまだそんな感じでしたよ。

――ではアメリカに憧れながらも、実際は坊主頭でレスリングをする毎日と。

鈴木　レスリングは年に3日しか休みがなかったですからね。ただ高校時代にレスリングの日本代表に選んでもらってアメリカ遠征に行ったことがあるんですよ。それで1カ月ぐらい向こうでホームステイさせてもらったんですけど、そのときに触れた向こうの文化はすごかったですね。憧れていたパーティーにも行きました！

――おお、アメリカの本物のパーティーに！

鈴木　ホームステイ先の同い年の男の子に「これからパーティーに行こうぜ」って言われて、行くと女の子たちがチャラチャラしているわけですよ。原っぱで音楽かけてミラーボールもくるくる回ってて、なぜかビールもあって（笑）。みんなで踊って騒いで、なんかいいな、本当にアメリカだなって感動しました。

――本場アメリカで食べたもので記憶に残っているものってありますか？

鈴木　ピザですね。日本だと宅配ピザの出始めだったんじゃないかな。それまでは喫茶店にあるような、ペラペラで小さいピザしか食べたことがなかったですね。ピーマンの輪切りにハムとちょっとチーズが乗っているだけ、みたいなやつ。うちは商店街だったんで宅配ピザをよそで注文するなんて親が許さないんですよ。だから現地でピザを出された時は「なんだこれ！　チーズがこんなに分厚いし、うわーっ！」て思いながら食べましたよ。うまかったですね！

猪木さんの倒し方を考え続けた付き人時代

そして鈴木選手は新日本プロレスに入団。新弟子として若手選手のごはんを作りつつ、

付き人として先輩選手たちの面倒も見る。そんな中、とんでもないお店に入ることもあったそうで……。

――それから新日本プロレス入団ですよね。まずは新弟子生活ってことになると思いますが、いわゆるちゃんこ作りもされたんですか？

鈴木　そうですね、集団生活でしたから。もともとちゃんこって相撲から来ている用語ですけど、相撲は親方と若い衆が一緒に食べますよね。でもプロレスは違います。食べる順番があるんです。先輩から先に食べてって、僕らはもう最後の最後、カスみたいなのが残った汁とガビガビのごはんしか食えなかったです。

――鈴木さんがいた頃は、何人くらいで食べてました？

鈴木　多いときは30人分くらい作ってたんじゃないかな。ごはんを作る人がいて、その補佐で覚えていく感じですね。その時に包丁の使い方を覚えたんですよ。おかげさまで今はなんでも作れます。自分で釣った魚もさばけますしね。マイ包丁も持ってますから。

――じゃあその頃から料理も作り始めて。

鈴木　でもねえ、「まずい！」って言われて全部ひっくり返されたこともありましたよ。全部作り直せって。ごはんをべちゃべちゃにしたこともあるし、パッサパサにしたこともあるし。

――作る量が一般家庭のものとは違いますからね。

鈴木　鍋料理を作るのを失敗したときに、仕方ないから違う鍋に移してお湯を足してたら、「お前、絶対捨てんなよ、絶対全部飲めよ」って言われて。その夜はずっと（鍋の残りを）飲んでいたなんてこともありましたね。

――では新弟子時代に食べたものでいい思い出ってあまりない感じですか。大変だったことばっかりで。

鈴木　そうだな……。しゃぶしゃぶを初めて食べたのはプロレスラーになってからですね。30年前だと家庭でしゃぶしゃぶを食うところなんてほとんどなかったし、それまで名前しか知らなかった。そもそも家で牛肉を食べなかったんです。兄弟がいるから量を食べるんで牛肉なんて買えないんですよ、高いから。だからプロレスの世界に入るまでは、家では牛なんて数えるほどしか食べたことがなかった。「牛はまずいもんだ」くらいに思ってましたね。

――そこまで徹底してるのもすごい。

鈴木　だから18歳でアメリカに行って、牛１００％のハンバーグを食ったときの衝撃はすごかったですね。「なんだこのうまさは！」って。

――プロレスの世界に入って、先輩にいいお店に連れていってもらったという記憶はありますか？

鈴木　ありますよ。猪木さんの付き人をやっていた頃にとんでもないのがありましたね。3メートルぐらいのデカい扉がついているステーキ屋さんがあったんですよ。場所は覚えてないんですけど、どっか地方だったと思う。ゴゴゴゴ……と自動ででっかいドアが開くんですよ。そしたら長い帽子をかぶったシェフが出てきて、お店には猪木さんと付き人の俺と、そこに連れていってくれた社長の3人しかいない。完全貸し切りですよ。

――なんかもう漫画の世界ですね。

鈴木　肉も柔らかくて、「スゲー、ナイフで切らないでも切れるよ！」って。猪木さんはあんまり食べなくて、半分くらい食べたら「お前これ食え」って言われて、ヤッター！って（笑）。猪木さんの付き人をやっていたときは、おいしいお寿司屋さんとかいろいろ連れていってもらいましたね、カバン持ちなんで。議員さんになる前の猪木さんだったから、毎日メインイベントに出ていた頃の現役最後の猪木さん。周囲の扱いがまるで違いましたね。

――プロレスラーとして頂点の時代ですもんね。

鈴木　その姿を見ながら「あー、これがスターなんだな」って思いました。そしていつも

「どうやったらこの人を倒せるかな?」「後ろから殴ったら勝てるかな?」とか本当にそんなことばっかり考えてましたね。

――ステーキをもらって喜びながら倒す気も満々だったと(笑)。

鈴木 ずっとそんなことばっかり考えてましたよ。ちょうどプロレスデビューしたときに相撲界は若貴、それに曙が大人気だったじゃないですか。そういうの見ては「ロー(ローキック)は効かなそうだから脚関(脚関節技)なら……」とか。

――もうプロレスに限らず「あいつらに負けるか!」っていう思いが。

鈴木 そういうフラストレーションが試合の原動力でしたね。団体の中でも同い歳に船木(船木誠勝。当時・船木優治)がいて、ずっと一緒に育って、注目度はアイツの方が圧倒的に高くて。それに対して俺はダメだダメだって言われ続けて。だから「こいつに負けるか!」って、そればっかりでしたね。人間的には大好きでしたけど。

食生活を変えなければ生きていけなかったパンクラス時代

食事とは日常のもの。それだけにプロレス団体の懐事情がその団体の食事のレベル、さらには意識にも直結します。鈴木選手が渡り歩いた団体でもその違いは明らかでした。そ

して自らが作った団体『パンクラス』では食事との新しい関わり方を生み出していきます。

――新日本プロレス退団後、鈴木選手は第2次UWF、そして藤原組へと移籍して戦いを求めていきます。UWFでの食事ってどんな感じだったんですか？

鈴木　貧乏めしです（きっぱり）。

――ひとことですね（笑）。お金があると聞いていたけど実際はなかった、なんてよくインタビューで見ますけども。

鈴木　ちゃんこの内容が変わりましたね、新興団体なんで。肉が減りました。もう食事というと鍋しか出ないんですよ。鍋は大人数で食べるには一番効率がいいから食費の面でも効率がいいんですよね。安くできるんで。本当に毎日鍋ですね、そこからは。

――鍋は身体作りにも効率的だって言いますけども。

鈴木　それは言いわけです！

――そうなんですね（笑）。

鈴木　ただ20代前半くらいになって女の子とデートができるようになると、ちょうどトレンディードラマが流行っていたバブルの時代じゃないですか。そういうところに行くのがかっこいいと思って、行ったりしてたね。

——道場では肉が減った鍋を食べながら！

鈴木　『東京ウォーカー』とかチェックして（笑）。

——鈴木選手にそんなチャラい時代があったんですね（笑）。

鈴木　バブル時代はみんなチャラいっすよ！　代官山のなんていうんだっけ、ドラマの舞台になったバブリーなレストランに行ったりして。ジャケットを着なきゃ絶対に入れないようなお店。クリスマスにそういうお店に当時の彼女と行ったんだけど、その子がすごく酒を飲む子で「チューハイない？」とか言って「このお店にあるわけねえよ！」ってやりとりして。結局ベロベロになって渋谷の居酒屋さんで飲み直したりしましたね（笑）。

——話を戻しましょう（笑）。ＵＷＦの次は藤原組に移籍しましたね。

鈴木　藤原組に来たら、今度はちゃんこを作らず毎日弁当とか出前でしたね。「食事を作る時間がもったいない、だったらもう外から取れ」と。近くの喫茶店に頼んだ日替わり弁当みたいなのを食べていましたね。

——それも極端ですね。

鈴木　藤原さんというか、ゴッチさん（カール・ゴッチ）が「めしを作る時間があったら練習しろ」って人なんで。朝10時に練習が始まって終わるのが夕方、それが毎日でしたからね。本当に後ろからひっぱたいてやろうかと思ってましたよ、ゴッチさんを（笑）。

――めしに関しては極端な2団体だったんですね。そこからパンクラスを設立されます。

鈴木 パンクラスになってからは食生活を変えて、身体を作り直すところから始まったんで。ガラッと変えようと。

――総合格闘技に合った身体に変える、ということで食事も変えたわけですよね。その引き締まった身体は「ハイブリッド・ボディ」と呼ばれて話題になりました。

鈴木 船木（誠勝）がボディビルみたいなのに憧れてて、すでにそういう食事スタイルだったんですよ。でも俺はもうギリギリまでやらなかった。「関係ないだろ、要は強ければいいんだろ」って。でもみんなの身体が変わっていくわけですよ。それを見てどうしようかなと思ったときに、トレーナーをお願いしてた廣戸道場の廣戸聡一さん、初代のレフェリーなんですけど、その人にマッサージされながらポロッと言われたことがあって。

――廣戸さんはどんなアドバイスを？

鈴木 「君たちがすごいこと、新しいことをするとして、どうやったら世間に伝わるか知ってる？」と聞かれたんです。それで「すごいことやればいいんでしょう？」みたいに言ったら「違うよ。ひと目見て『あれ？　違うぞ』ってなったら誰もが見てくれる。だけど見た目で何も変わらなかったらそれは新しいものとして受け入れてくれない」って言うんですよ。「通りすがる人は見た瞬間に良いか悪いか全員判断してんだよ。だから説明じゃないんだ、一瞬の見た目だ」って。その話を聞いて「わかった」って、遅れて自分も食事から何から全部変えることにして。

――そのために食生活を変えたんですね。当時はそのボディに変えるための『船木誠勝のハイブリッド肉体改造法』という本が出るくらいインパクトがありました。パンクラスの選手のめしというと鶏のささみがよく出ますよね。

鈴木　鶏のささみを食べることにたいした意味はないんですけど、手っ取り早かったのでそれを選んだだけで。タンパク質の量が豊富で脂肪分が少ないというだけの理由ですね。とって代わるものがあればそれでいいんですよ。あの時代にはいろいろ勉強しました、栄養学的なことを。

――鈴木選手もプロレスの身体からパンクラシストの身体に変貌したと。

鈴木　そしたらバッキバキになったけど、やりすぎて体を壊して耐久性が落ちちゃって（笑）。でもその廣戸さんのひと言は大きかった。物ごとを変えるなら全部変えなきゃダメ。頭や手足のすげ替えや環境の変化じゃなくて、全部変えなきゃダメだっていうのを教えてくれましたね。

――しかし戦う身体に変えるために、食生活を変えるのもキツかったでしょうね。

鈴木　できるできないじゃなくて、しなければ生きていけないですから。ただ、食生活を

100％変えたら、水の味に敏感になり、食パンの味に敏感になり、野菜サラダなんかの新鮮さがひと口でわかるようになりました。それは今も変わらないです。

「あれ？ 俺、クビ切られるかも」

現在は新日本プロレスを中心に戦いを繰り広げている鈴木選手。共に戦う仲間・鈴木軍を率いてのプロレスは常に会場をヒートさせていきます。そんな中で、鈴木選手は再び肉体改造のために食生活を変化させることを決断します。その理由とは？

――パンクラスで活躍された後、2003年から新日本に参戦されます。

鈴木　そこでまた食事が変わったんですよね。巡業に出ると、自分はパンクラスのときと同じでプロテインを飲んでツナ缶を買ってホテルの部屋でひとりで食べていたんですけど、そういうのを売っているお店がどこにもない街があったんですよ。だから1食我慢したんです。当然、腹が減るじゃないですか。でも次の日に行った田舎町にも何もない。ただあるのは居酒屋さんとか焼き鳥屋さんだけ。すげえ腹が減っている中で「俺はなんのためにに節制しているんだろう」って思ったんですね。「次の世界で生きていくのに必要なのはこれなのか？」って。

――パンクラスと新日本プロレスではぜんぜん違いますからね。

鈴木　今からやることに必要なものは、好きなものを食べて飲んで、練習を若いときみたいにいっぱいしてということじゃないかと思ったんですね。それで「生きるために食わなきゃ」とそれでハンバーガーを食べて焼き鳥を食べて。そこから食生活がまた変わりました。

――廣戸さんの話じゃないですけど、プロレスというものに対峙するためにはまたすべてを変えなきゃいけない。食生活から、ということですか。

鈴木　それもありますね。生きるがままに食べようと。それで毎日酒を飲んで肉を食ってワハハって感じだったんですけど、ただもうそれも4年くらい前に変えたんですよ。

――プロレス生活の中で、また食生活を変化させる必要が。

鈴木　2014年ぐらいかな。それまで東京ドームや両国でメインイベントも出て、いろんな記録を塗り替えていったんですけど、あるときふっと気づいたら前座にいたんです。そして次の日もそうだった。最初は「順番的に俺に回ってきてないからな」と流してたけど、その状態が3カ月続いたたら「あれ？　俺、クビ切られるかも」と気づいて。俺はフリーの選手だし、あと（ギャラが）高いんで。俺が経営者なら高い選手をどうでもいい前座に使うようなことはしない。前座なら前座で次に何かをやるための充電期間にしなくちゃいけない。それが今、自分は無駄に生きてる。それでもう一度自分に挑戦しようと思って食生活も練習方法も変えたんです。

――今度はどういう肉体改造を考えたんですか。

鈴木 まず最初に「1年後に自分はこういうふうになっている」っていう計画を立てて、毎週体重を測って最初の3カ月間でこのぐらい体重を変化させなければいけない、減り過ぎていたらごはんの量を増やしたりと変えていって。その時も廣戸さんに相談しました。

――40代での肉体改造は、当然20代の頃とは違いますよね。

鈴木 練習で言ったら若い頃は1日8時間やってたけど、今はできても2時間。時間もだけど、自分の身体の代謝も減ってるんですよ。でもあのときと変わらずできるトレーニング方法がひとつだけあるって廣戸さん言うんです。「それが食事だ」って。

――食事自体がトレーニング方法だと。

鈴木 人間は1日に3回自分のことを支配できるんです。それが食事。朝起きてから食事をするまでの時間、食事して消化・吸収・栄養になる時間、空腹になって昼になる時間。この間ずっと体を支配してるのが朝ごはんです。そうして昼を食べてから次の食事まで、と1日のほとんどで食事が身体をコントロールしている。だからどんなトレーニングより食事は大事だって言うんですね。食生活を見直したら計画通りに変わってきましたね。

――そしてプロレスの最前線に戻りました。やはり20代と同じ練習はできないですか。

鈴木　代謝や体のこともあるけど、昔は練習さえしていれば幸せな日が毎日続いていたんですけど、今はこういう取材もあるし自分のお店もあるしと時間が削られてしまう。レスラーであるという部分は変わっていないけど仕事の品目がめちゃくちゃ増えたよね。

――さらにいえばＳＮＳなんかもありますしね。

鈴木　あと今はぼーっとする時間をすごく大事にしているんですよ。喫茶店でぼーっとしている時間を作って、人が着ている洋服を見たりとか、音楽が流れている時に浮かんだ気分を絵に描いてみたり。それが変化していくとうちの商品になるので。

――たとえ練習時間は短くても食事をベースにしていけばコンディションを安定させることはできるということですね。

鈴木　今はパンクラスで最初にやっていた頃の食生活をもとに、１００％じゃないけど、自分が可能なレベルでやっている感じです。今年で50歳ですけど周りの同年代を見るとももはや妖怪に近いですからね。ハゲでデブで臭いですから（笑）。こっちは22～23歳のやつらと走っても負ける気しないですからね！　いくつになってもできるんですよ。「俺はできる！」と思えば。

VOL.3 鈴木みのる

――一度、徹底して肉体改造したからこその食事論ですね。

鈴木　いろんなトレーニングをしてきたんですけど、食事はトレーニングと同じぐらい重要。だからトレーニングの中にもオフがあるように、食にもオフがある。別に食わなくてもいい。若い時は強くなるために負荷をいっぱいかける。ただ今は負荷をかけるよりも「続ける」ということが大事。食事もそうやって内容が変わっていってますね。いま一番の食事法は……女の子にケーキをあーん、てしてもらえるのが最高のご褒美ですかね！

――そういうことになりますか（笑）。

鈴木　だってさ、バブルの時代には本当にめしに高い金を払ってたわけじゃない？「なんでこんな高い値段払わなきゃいけないんだ」って思いながら。でも今だったらその頃と同じお店に悩まず「じゃあ行こうか」ってやっと言えるぐらいになれたんですよ。そりゃそうですよね、50歳近いんだから。となると、もうあとは食べる雰囲気ですよ。食べられるものをいつでも食べられるとなると、あとはもうシチュエーション！（笑）

いつかまた高山善廣選手とめしに行きたい

最後に、鈴木選手にどうしても聞いておきたい思い出のめしの話がありました。それは

頸髄損傷で欠場中の髙山善廣選手とのめしの話（※2018年12月現在）。
同じUWFにルーツを持ち、フリーランスのレスラーとして新日本や全日本、さらにはインディー団体まで戦いを広げ、「自分にしかできない試合」を見せ続けたふたり。レスラーとしても個人としても「ウマが合う」関係と鈴木選手は言います。

――プロレス復帰後の鈴木選手というと、髙山善廣選手と組んだり、戦ったりと縁の深い印象があります。

鈴木　そうですね。お互いUWFを通過してるんですけど、プロレスをやるまで会うことはなかったんですよ。でも、すごいウマが合ったんです。車の趣味なんかが近かったんですよね。お互い『サーキットの狼』世代だから（笑）。あと古いアメリカっぽい文化が好きだったり。微妙に年代とか違うんですけど。

――仲良くなったのは試合を通してですか？

鈴木　実はあいつが鈴木みのるファンだったんですよ。その理由が面白くて、僕が1987年の3月に新日本に入門して、同じ時期にあいつがUWFに入門してる。でもあいつはデビューしないで引退したんですよね。僕はそのままデビューしたから、髙山にしてみたら新日とUWFが提携している試合を見て、「デビューしてたらコイツと戦ってたんだろうな」ってずっと思っていたらしいんですね。だから俺がデビューしてからのことは全部知ってましたね。「幻の同期」なんです。

――同じ団体に上がるようになって、一緒にめしを食いに行ったりしてました？

鈴木　もともと高山って寝起きにステーキを食うようなやつだったんですよ。試合が終わって「なんか食いに行こう」っていうと焼肉食って、そのあとに飲みに行って、そして朝方に中華に行ってまた炒飯食らってみたいな感じで。

――あの体格だと納得な気もします（笑）。高山選手はＵＷＦインターから再デビューしていますけど、食生活は鈴木さんたちと変わらなかったんですか？

鈴木　変わらなかったですね。そこらへんは、Ｕ系は同じ（笑）。

――試合スタイルは違ってもめしに関してはすぐなじめたと。

鈴木　でも彼が10数年前に脳梗塞やって、それから食生活をガラッと変えて。まず肉を食わなくなった。正確には赤い肉ですね。コレステロールが高いのはいらないって。それに魚中心になって酒も飲まなくなって。一緒に食べ歩く場所が変わりましたね。それまで酒を飲んでたのが朝までダイエットコークで付き合うみたいな（笑）。

――高山選手は酒もかなり飲んでたんですか？

鈴木　量は飲んでましたよ。豪快ですね、飲んでもぜんぜん変わらない。それがガラッと食生活を変えて。「肉、食いたくなんないの？」って聞いたら、「死ぬよりマシですよ」って言ってて。確かにって。

――現在、髙山選手は2017年5月の試合中に負った頚髄損傷で試合欠場中です。

鈴木　ここ最近はリング上では敵として相対すること多かったんで、プライベートで会うことはなかったんですよね。もとは友達なんで「どっかでまた戦って仲直りすっかあ」って思っていたら今回みたいなことになって。

――またおふたり一緒に並んでいる姿が見たいです。

鈴木　試合のあとによく行っていた魚メインの料理屋さんがあるんですよ。刺し身っていうか、刺し身にオリーブオイルと粒の胡椒とかパクチーをのせるみたいなハワイアンぽい料理のお店で。そこだと肉が食えなくなっても行けたんで、いつかまた（髙山と）行けたらなって思いますね。

鈴木選手のリング上で見せる強さの秘密は食生活にありました。日々きちんとごはんは食べながらも、試合ではハングリーであり続ける。自由であり続けるために、いつかまた盟友とおいしいごはんを食べるために。それが絶対的な強さを持つ孤高のレスラーであり続ける理由なのでしょう。

ブル中野

レスラーめし

VOL.4

飽きるほどに食べた「紅しょうがごはん」

PROFILE

ブル中野

ぶる・なかの＝1968年 埼玉県生まれ。1983年、全日本女子プロレスに入門。同年9月、本名の中野恵子でプロデビュー。1983年度新人王トーナメント優勝、1984年9月の戸田大会にて全日本ジュニア王座を獲得。1985年から正式に極悪同盟に加入し、ダンプ松本にあやかりリング名をブル中野に改名する。1988年にダンプ松本が一時引退した後は自身がリーダーとなり『獄門党』を結成。1990年にWWWA王座を戴冠。日本の女子プロレスが絶頂を極めた90年代、その頂点に君臨し、"女帝"と呼ばれる。アメリカのWWF世界女子ヘビー級王座を獲得した唯一の日本人。引退後はタレントに転向。

日本ではその歴史の長さやかつての大ブームもあって、男子プロレスと並んで自然と定着している女子プロレス。実は海外と比べて日本は女子プロレス先進国。それは「女子プロレス」を称する英語として「Ｊｏｓｈｉ」「Ｊｏｓｈｉｐｕｒｏ」という単語があることからも言えるでしょう。

現在ＡＳＵＫＡ選手やカイリ・セイン選手のＷＷＥでの活躍がネットを通じて日々伝えられていますが、その全てはこの人が始まり。それまでの女子プロレス界を一変させ、海外でも活躍した〝女帝〟ブル中野さんです。

『極悪同盟』の一員としてダンプ松本さんの脇に控える悪役レスラーから、女子プロレスを「ベビーフェイス、ヒールに関係なく試合の攻防で魅せるもの」へと進化させた革命児。アジャ・コング選手や神取忍選手との激闘でも知られ、特にアジャ・コング選手との金網デスマッチで見せた４メートルの高さからのダイビングギロチンドロップは日本プロレス史に残る名シーンです。

ＷＷＥ（当時ＷＷＦ）から北朝鮮までの海外遠征で、世界に「ブル中野のプロレス」を見せつけたのち、１９８７年に引退。プロゴルファーを目指して3カ月で50キロの過酷な減量を行い、ダイエット本も発売して話題になりました。

現在の中野さんは、半ソリや逆立たせたヘアスタイルのいかめしい姿でのギロチンドロ

ップで相手選手をなぎ倒してたころからは想像もつかない、スレンダーな美女。そんな彼女に現役時代から引退後までの苛烈すぎる「食の思い出」を伺いました。

捨てられたキュウリを食べるかで葛藤

1983年に全日本女子プロレス（全女）に入団した中野さん。プロテストに合格してデビューするまで時間はかかりましたが、身長170センチという恵まれた体格とたゆまぬ努力で新人の中でもメキメキと頭角を現していきます。しかし、その新人時代は中野さんにとって地獄のような毎日でした。

——男子のプロレス団体だと「皆でちゃんこを食べた」みたいな話をよく聞くんですけど、全女の寮での食事はどんな感じだったんですか？

中野　みんなで食べるって感じはなかったですね。みんな仲が悪かったんで。派閥があったりイジメがあったり、同期の中でもいろいろあって。

——いきなり不穏な話ですけども……。それぞれひとりで食べていたんですか？

中野　先輩にかわいがられてる後輩はごはんに誘ってもらえるんですよ。だけどそうじゃない子たちは自分たちで食べていくしかなかったんです。デビュー前の新人時代はみんなお金がない。初任給が5万円で寮費に5000円取られて、残り4万5000円でどうにかやんなくちゃいけなくって。お米だけは一応支給されるんで、おかずは自分たちで……。

——じゃあ自炊することをその頃に覚えたんですか。

中野 ちょっとはやりましたけど、人気がある先輩たちがもらった差し入れの食べ残しを食べるとかそんな感じ。主食はもう「先輩たちの食べ残し」でしたね、本当に（笑）。それで生き残っていくしかいじめられた新人は生き残っていけなかったんです。

——ということは中野さんはいじめられた側だったんですか。

中野 そうですね。先輩にかわいがられるタイプじゃなかったんで誰にも食事に誘ってもらえませんでした。毎日地方巡業なんですけど、試合後バスの中でずっと立たされたり、半年くらい口を利いてもらえなかったり。あと当時は〝殴る蹴る〟が日常茶飯事で。

——キツいですね……。中野さんはなぜ先輩からのターゲットになったと思います？

中野 要領が悪かったし仕事もできなかったし。あと、そういうのが目立つってことはお客さんから見ても目立つタイプなんですよ。だから「今のうちにつぶしておこう」って。

——ああ、印象に残るからこそ「こいつは私を追い抜くかもしれない」と。

中野 はい。全女で今までいじめられずにトップに立った人はいないです。いじめられる子ってのは目立っているってことなんで。だからやられるんです。

――実際に中野さんはトップまで上り詰めたわけですから、周囲も見る目はあったんでしょうね（笑）。だからといっていじめられるなんて、ありえない話ですけれども。ちなみに先輩からひいきにされる人ってどういう人なんですか？

中野 やっぱり要領のいい奴ですね。でも要領のいい奴って、結局最後まで残らないんですよ。結局私みたいに、いじめられていじめられて、それでも残った奴ばかりがいるんで。本当に全女でトップ選手になった人ってのはひどい奴ばかりだと思います。アハハハ！

――先ほど「主食は先輩の食べ残し」っておっしゃってましたけど……。

中野 プロテストに受かると試合にも出られるようになって給料も上がるんですけど、私は一番最後までプロテストに受からなくって。ずーっと4万5000円のままだったんですね。ある日、同期が台所のシンクの三角コーナーの中に切り落としたキュウリの端っこを捨てたんですよ。それを食べるか食べないかですっごい迷いました。これを食べたら自分がすごく惨めになるし負けた気になるんで。でもキュウリは食べたいし……そういう葛藤はしょっちゅうでしたね。

――そのレベルで食の余裕がなかったんですね……。

中野 あと業務用の大きな紅しょうががあったんですけど、月末はそれをごはんにかけて食べていました。今日は紅しょうがいれて、次の日は醤油、その次は味の素っていう感じ。本当に飽きるくらい食べていたので、給料をもらえるようになってからもしばらく紅しょうがは受け付けなかったですね。見ると思い出して具合が悪くなるんですよ。

――悪い意味での思い出の味というか。

中野　食費以外でも練習で着るTシャツを買うお金もなかったんです。今みたいにユニクロみたいなお店があれば良かったんですけど。短パンとかジャージも買えなくって。だからって親に「お金がないから送ってほしい」って言ったら恥ずかしいし、心配もかけたくない。だからそういうことは言えなかった。とにかく少ないお金でやりくりするしかない。本当に人気者になりたかったしお金持ちになりたかったですね。

――中野さんの実家は埼玉県川口市ですよね。東京から近いですし、休みの日に家に帰ってごはんを食べられそうですけど、休みはなかったんですか。

中野　一応夏休みに1日、あとお正月に2日。それだけでしたね。

――それだけ！　正直、逃げ出そうとは思わなかったですか。

中野　それはもう毎日。寮の下に電話があったんですけど、毎日誰かが泣きながら「帰りたい、帰りたい」って親に言ってました。私も1回だけ家に電話して、「帰りたい」って泣きついたんですけど、そのときお母さんが「もういいよ、すぐ帰ってきな！」って言ってくれたんですね。でも、その言葉を聞いたら逆に帰れなかったです。

——その言葉を待ってたんじゃないんですか。

中野　ねえ。お母さんに「なに言ってんの！　頑張んなよ、自分で決めた道なんだから」って言われてたら、逆に「ふざけんじゃねえよ！　どんなにつらいかわからないくせに」って逃げちゃったと思うんですけど、「帰ってきな」って言われて逆に帰れないなって思いましたね。

——お母さんの優しい声を聞くとこのままじゃ終われないと。

中野　やっぱり昔って「故郷に錦を飾る」つもりで出てくるじゃないですか。自分も「スターになって帰ってくるからね」って感じで東京に出てきましたから。それが悪役にさせられちゃって、帰るに帰れなくなるんですけどね（苦笑）。もうずっとどこにも帰るところがなかったです。

歌って踊れるアイドルレスラーになりたかった

全日本ジュニア王者になるなど順調に出世していった中野さん。しかしある日を境にダンプ松本さん率いるヒール軍団『極悪同盟』の一員として、本名の中野恵子から悪役レス

ラー・ブル中野に変貌します。

髪の半分を丸刈りにし、ヌンチャクを凶器に当時人気絶頂のクラッシュギャルズと抗争を繰り返す日々を送ることになります。

その激しい闘いを通じて、全女を代表するメインイベンターへと成長していきました。

——中野さんは長与千種さんの付き人をするなど将来はベビーフェイスとして期待されてたと思うんですが、まさかのダンプ松本さん率いる極悪同盟に入ることになりましたね。

中野　最初は歌って踊れるアイドルレスラーになることを夢見て上京してきたんですけどね（笑）。

——なぜダンプさんは中野さんを欲しかったんでしょう。

中野　同期の中で一番身体が大きかったからですかね。それで「お前はデブでブスなんだから悪役しかないんだ！」って言われ続けて、洗脳されて最後は「はい」って言うしかなくって。

——ダンプさんは食事には連れて行ってくれたんですか？

中野　その後は一緒に食事に行かせてもらえるようになりましたね。回転寿司じゃなくて、本当のお寿司屋さんに行って。でも新人だからお金がなくって、カッパ巻きかタマゴばかり食べていました。

——そういうところは自腹なんですね。

中野　はい。それでダンプさんから「いいよ、今日はおごってやるよ」って言われて「トロ！」って言ったら「いい加減にしろ！」って怒られたの覚えてますね（笑）。

——その頃のダンプさんはかなり給料をもらっていたのでは？

中野　めっちゃくちゃもらってました。昔は手渡しで現金をもらってたんですけど、ダン！ダン！ダン！って立つ封筒が3個とか。「売れたらこうなるんだ！」って実感しました。

——でも中野さんも極悪同盟に入った頃からは、新人時代に比べたら給料も安定したんじゃないですか？

中野　そうですね。プロテストに合格して試合をするようになって、あとダンプさんと組んでメインイベンターになれたのと、ダンプさんがドラマに出たり、いろいろ一緒にやるようになって、お金はだいぶもらえるようになりましたね。それで生活はかなり安定したんですけど、寝る時間もないくらい忙しくなりました。試合が終わってからドラマの撮影に行ったり……。本当に寝る時間がなくなって頭がおかしくなりそうでしたね。

「もう、女性として生きるのはやめよう」

――あと、ヒールになると、当然「太れ」って話になりますよね。

中野　当時ダンプさんの体重が１００キロあったんで、私も身体を大きくしてやろうと思ってめちゃくちゃ食べました。朝にマックと吉野家の牛丼をファンの人に差し入れしてもらって食べて、会場に行ってからまた食べるものをもらったり。

――差し入れがお菓子とかじゃなくて、もうストレートに食事なんですね（笑）。

中野　そうです。ただそれでも92キロまでは太れたんですけど、なかなか１００キロまではいかない。それでステロイドを打ったりして１００キロまで太らせました。

――そこまでして！

中野　若いうちはいろいろやりましたね。ステロイドは全女専属のドクターに相談して。これ（ステロイド）を打ったら練習がすごくしたくなるとか、精神的に女性から男性に代わるから不安定になるとか、すね毛が生えて生理が止まるとか脅されましたね。１回打つたびに「これ打つと寿命が縮むよ」って言われたことも。それでも体重を3ケタにしたかったんです。「この世のものじゃない何か」になりたかった。

――最初はアイドルレスラーになりたかったのに、よくそこまで切り替えられましたね。

中野 ダンプさんに髪を半分そられたときに、もう女は捨てようと覚悟しました。それまで実は隠れて男性ファンと付き合ってたんですよ（笑）。それも髪を切られたせいで別れちゃったんです。しかもその後、その彼は同期の子と付き合って……。

——うわー、それは絶望しますね。

中野 だから「もう女性として生きるのはやめよう、私の生きる時間はプロレスの世界だけでいい」と決意したときに、初めて自分はプロレスラーになれたんだろうなと思います。

大けがを負っても病み上がりで食べた焼肉の味

望まぬ道ではありましたが、ヒールレスラーとして全女のトップ入りした中野さん。しかしクラッシュギャルズやダンプ松本といった看板選手が引退すると観客が激減することに。ただ、そこから自らの望む「ベビーフェイス、ヒール関係なく、試合そのもので魅せるプロレス」を形にして全女に新たな黄金期を到来させます。

——メインイベンターともなると、地方巡業でおいしいものを食べられたのでは？

中野 それはありましたね。行った先の一番おいしいものを食べさせてもらえるんですよ。

だいたい試合が終わったら、旅館とかで選手やスタッフ全員で食事して、そのあとプロモーターさんがベビーフェイスか悪役のどちらかを呼んでごはんを食べに行くんです。呼ばれるのはだいたい悪役でしたね。そこで本当においしいものを食べさせてもらえる。

——思い出の味ってありますか？

中野　特に北海道はおいしいものばっかり。北海道の人でもなかなか食べられない刺し身があって、名前も覚えてないんですけど（笑）。当時は1年のうちに日本を3周くらいしていたと思うんですけど、毎日毎日おいしいものばかり食べていましたね。

——新人時代からは考えられないような食生活が。

中野　ホントですね……でも1カ月くらい日本中のおいしいものを食べていて、いざ東京に帰ってきてなにが食べたいかなって思ったらごはんと納豆、あと味噌汁。それだけでいいんですよね。おいしいものを食べ過ぎちゃって、やっぱりこれだーって。フフフ。

——では、お金は持ったものの、食にお金を使う感じではなかったんですかね。

中野　おごりだったら……（笑）。

——なるほど（笑）。では試合に絡めて食の話を聞きたいのですが、メインイベンターになってアジャ・コング戦や神取忍戦を始めとした大勝負がありましたね。試合の前日って、普通にごはんを食べられるものですか？　プレッシャーがすごそうですけども。

中野　それは食べられてましたね。絶対に体重は100キロ以下に落としちゃいけないっていうのがあったから、起きている間は「練習か食べているか試合してるか」という感じ。食べていないとどんどん体重が落ちちゃうんで。食べるのが練習でした。

——ちなみに今のレスラーは「筋肉のことを考えてバランスよく食べる」いう考え方が普通になっていますが、その頃のプロレスラーたちにそういう意識はあったのでしょうか？

中野　なかったですね。今はけっこう皆（コスチュームで）お腹を出すじゃないですか。昔はそういう衣装もそんなになかったんで。それに「大きければいい」っていう意識が強くて、アスリートっぽく、格好良くっていう意識はありません。ベビーフェイスのレスラーにはいくらかそういう雰囲気もあったかもしれないけど、私たちは〝女子じゃなかった〟ので（笑）。

——筋肉のためにというか、体格重視。

中野　とにかく強ければばっていう。

——では試合後、ごはんが食べられなくなるくらいキツかった思い出はありますか？

中野　アジャとの試合……金網デスマッチじゃなくって、そのあとにWWWA戦でアジャと戦って眼窩低骨折して、頭の中を内出血した時は3日間寝続けて何も食べられなかったですね。ほんとに水だけを飲んで、試合着も脱げずに。髪の毛も立ったまんま（笑）。

——髪もそのままで3日間！

中野　アジャが先に呼んでいた救急車に私が乗っちゃって（笑）。その後にアジャがまた救急車を呼んだんですけど、ふたりとも同じ病院に運ばれたんです。で、近くで空手の試合もやってたらしくて、そこでけがをした人もいて、ベッドが私、空手の人、アジャみたいな（笑）。普通は試合後に病院に行ったとしてもひとりだし、ふたりだとしても同じ病院に行くことはないですからね。

——血まみれでボロボロの女子レスラーがふたりも担ぎ込まれてきて病院もびっくりしたでしょうね、間にいた空手の人も。しかし3日間も食べられなかったら、その後はおかゆとかで徐々にって感じでなのでしょうか？

中野　どうだったかな～？　すごいお腹が空いて、焼肉を食べに行ったと思います、井上京子と（笑）。

——すごい！　リハビリいらずですね。

中野　その頃は『獄門党』の皆と焼肉か居酒屋さんに行って、カラオケに行って歌って、最後はファミレスでハンバーグステーキでシメる、みたいな感じでしたからね。

——過去の自分みたいなことがないように、後輩に優しい先輩になったんですね。

中野　特に京子は本当にお酒が強かったんで、毎日一緒に飲んでいました。京子が右と左で箸を使って、私の肉を焼いて私の皿に入れて、もう片方で自分のも焼いて食べるってのができるようになるくらい。「いいよ、気にしなくて」って言っても「大丈夫です！」ってやるんですよね。

――今のお店もプロレス時代の後輩が集まってますし、本当に中野さんは後輩たちから慕われてますよね。

中野　いえいえ……。でも本当にプロレスの話ばっかりしてましたね。頭の中は24時間プロレス。獄門党ってみんなそうで、絶対一番になろうと思ってる子ばっかりでした。そういうところでも「自分が自分が」って感じでしたね。

――ちなみにここまでお酒の話が出てますけど、全女の〝三禁〟（酒・男・煙草禁止）って有名じゃないですか。お酒ってのは……。

中野　ガンガン飲んでました（笑）。

――あははは！

中野　メインイベンターになって、20歳になれば暗黙の了解というか、グレーな感じで（笑）。一応「見つかんなよ」ってプレッシャーはあるんですけどね。会社が目黒にあったんで武蔵小山に住んでる子が多かったんですけど、あの辺りはけっこうレスラーが住んでいたから行きつけのお店が多かったんですよ。そういうお店は会社に黙っててくれるから、よく

行ってましたね。

――その後、ご自身の店『中野のぶるちゃん』を開店させましたけど、お酒は強い方でした？

中野 新人の時は当然飲んでなかったんですけど、悪役になってからダンプさんに教え込まれて。あの頃はバブルだったんで、アイスペールの中にヘネシーですよ（笑）。それで「イッキしろ」とか、毎日毎日吐くまで飲まされて。ビニール袋を耳にかけさせられるんですよ。それだと「飲んだ後すぐ吐けるから！」って。ずっと飲みながら吐いたりして（笑）。

――禁酒どころじゃないですね！

中野 「吐いて覚えるんだ」みたいな感じでした。すごかったです。でも私がトップになってからは、本当にお酒を飲めない後輩たちが増えてきたので、無理には飲ませませんでした。ただ、そういう子たちは吐いた人の介抱をする係になるんですけどね（笑）。

ニューヨークで血まみれになって食べたカニ

全女での戦いにひと区切りをつけ、１９９３年からはＷＷＦやＷＣＷなど海外マットでも活躍した中野さん。以前、全女に参戦していたアランドラ・ブレイズを相手に、アメリ

カ中を転戦します。

中野　アメリカは全然日本とシステムが違っていたから大変でしたね。日本だと新人が付き人としてついてくれて、掃除でもなんでもしてくれるじゃないですか。移動も全部バスで連れていってくれて、ホテルも用意されてるし。でもあっちは移動も全部自分でやるし、宿を取るのも洗濯も自分。だからまたスタート地点に戻った感じでした。

——せっかく全女で頂点を取ったのに。

中野　しかも、あっちに行ったらめちゃくちゃヒールで。憎まれ役で入場してくるからオシッコをひっかけられたりするんですよ。紙コップにオシッコ入れて待ち構えている。そんな扱いだから「日本でやってきたことをまたもう1回やんのかよ!」って悔しい思いをさせられましたね(笑)。でも「こいつら絶対に私のファンにしてやる!」って決心したら実際にお客さんの反応もだんだん変わってきた。

——アメリカ巡業中のめしは、地元のレストランとかが中心ですか。

中野　はい、ほとんどハンバーガーかデニーズ、そんな感じでしたね。しかもあっちってハンバーガーもパッサパサなんですよ。日本だとマックでもジューシーですけど。でも仕方なく食べていましたね。だから「食事が楽しみ」という感覚もまったくなくて。

――食事もひとりがほとんどですか。

中野　他のレスラーと行くときもありましたね。だいたいみんな同じホテルなんで、朝に近くのデニーズに行くと会ったりして。メキシコにいた頃は事務所の人がいつも食事に連れてってくれたりして良かったです。邪道・外道と3人でいつも朝ごはんに行っていました。

――現在は新日本プロレス所属の邪道・外道選手がブレイクする前の話ですね。メキシコの朝ごはんってなんですか？

中野　豆とトルティーヤです。あと野菜。いつも邪道・外道と食べていたのがハムと卵を炒めたやつで、それしか文字が読めなかったんですよね。あとオレンジジュース。その当時はタバコを吸っていたので、どこの国に行っても一番初めに覚えた言葉が「灰皿ください。あとビール！」。

――まずはそれだけを覚えると（笑）。

中野　それを頼んで、あとはどうにかわかりそうなメニューを頼んでました。

――日本食レストランにも行ったりしました？

中野　ニューヨークで全女の先輩の山崎さん（山崎五紀）が日本食レストランを始めたので、ニューヨークにいるときはその店にいつも行ってました。巡業から帰ってくると鍋を作ってくれるんですよ。ある日、カニ鍋を作ってくれるって話になって「ヤッター！」って大喜びして。西村選手（西村修）とか新崎人生もいたから、3人と山崎さん・旦那さんとみんなで食べることになったんです。

――強烈なメンバーですね。

中野　ただその日は大雪が降っていて、私はタクシーで向かったんですけどタクシーがスリップして大事故を起こしてしまい……。運転士さんの首が動かなくなっちゃうぐらい大きな事故。

――えー！

中野　私もどっかにぶつけて顎からすごい大流血して。だけどどうしてもカニが食べたいから、救急車の中でいろいろ治療してくれていたんですけど「すいません、カニを食べに行かなきゃいけないんで帰ります」って言って帰っちゃったんですよね。

――アハハハ、流血よりもカニ！

中野　あとからWWFに行ったら、「病院に行ってたらすごい大金が取れたのに！」って残念がられました。でも、どうしてもカニが食べたくて、洋服を血だらけにしながら食べました。おいしかったです（笑）。

引退後、2度の過酷なダイエットとの戦い

全女の頂点であるWWWA王座を手放してからは国内外で活躍したブル中野さんですが、1997年に左靭帯を切る大けがに見舞われてプロレス引退を決意。

その後、プロゴルファーを目指しながら行った減量について書いた『ブル中野のダイエット日記 19号サイズの私が9号サイズに』が話題になります。2012年には自身の結婚を機に、やれていなかった引退興行を行い、ほぼ現役時代の身体でリングに登場してファンを驚かせました。

——数々の激闘を繰り広げたプロレス引退後はプロゴルファーを目指し、まずダイエットに挑まれました。本も出されています。「部屋中を青色にして食欲を減退させる」という減量法で広くメディアにも取り上げられましたよね。

中野　引退の時は115キロで、それから3カ月で65キロまで減らしましたね。

——3カ月で50キロの減量！　健康面で心配になるレベルですね……。

中野　その間は糖尿病の人と同じ食事をしてました。1日1200キロカロリーで暮らし、加えて毎日ジムやプールで運動して。

——それに食欲減退ダイエットと。でも正直、部屋を青にした効果ってあったんですかね？

中野　青にしたからじゃないんだと思うんですけど（笑）。

——ですよね（笑）。絶対に意思の強さもあると思います。ただ、やせるために運動するといっても、相当ケガもされているでしょうし、並の努力ではなかったでしょうね。

中野　始めは全然歩けなくて、プールで1日中歩くところから始めて。プールで歩いていても膝が外れちゃうぐらいだったので、徐々に徐々に歩く距離を伸ばしていって。それでそれまでのプロレスラーの筋肉をゴルフ選手の細い筋肉に変えていくトレーニングをずっと続けていったんです。

——筋肉の質を変えなきゃいけないんですね。そのためにもやせなきゃいけないと。

中野　ジムに行ってる3カ月の間、事務の人たちは私がみるみるやせていくから「悪い病気になっちゃったんじゃないか」って噂が広まったんですね。でもそれぐらい毎日毎日やせていくんですよ。ジムのトレーナーとは相談しながらやったんですけど、立ちくらみがするときは「もっとスローにした方がいいね」って毎日相談しながら。

——それで50キロも落として。しかも２０１２年には引退試合のために「レスラー時代の身体に戻したい」とまた１００キロまで体重を戻します。

中野　１００キロに戻すっていうのもすごい大変で、それが9カ月かかりました。

――減らすのが3カ月で増やすのが9カ月と、増やす方が大変なんですね。

中野　やっぱり自分の限界が90キロまでで、そこからがなかなか増えなくって。でもプロレスの練習を始めて動くようになってからはまた食べるようになって。それで100キロまで戻したんですけど、難しかったですね。今回はステロイドを使わなかったんで。

――でも引退興行で見せた最後の笑顔はすごく印象的でした。ヒールだからずっと笑顔を出せなかったのが、最後に笑って引退ができて。

中野　でも、膝が全然ダメになってましたね。靭帯を切っちゃったのと半月板も取っちゃってるんで、片方だけ脚がどんどん短くなっていくんですよ。

――そのあと、胃の一部を切除して再び減量されます。正直、なぜそこまでするのか、というかもうちょっとある程度のところで……という感じにはならなかったんですか？

中野　前は運動したらやせられたんですけど、今度はもう運動そのものができなくなったんですよ。普通の生活をするには膝を人工関節にしなきゃいけなくなって、人工関節にするためにはまずやせなくてはいけない。でも運動できないからやせることができなくて、じゃあ胃を切ってから人工関節にしようということになったんです。

――もう普通の生活をするためには胃を切除するしかなかったんですね……。それだけレスラー時代のダメージが響いて。

中野　それで胃を切ってみたらすごいやせて。その結果、人工関節にしなくても歩けるようにはなりました。ただ、胃を切った最初の頃は水も飲めなくて。ペットボトルのキャップでちょっと飲んでは吐いての繰り返しでした。とにかく何も食べられないし飲めないので脱水症状と栄養失調で半年ぐらいベッドから起きられなかったです。

――壮絶ですね。今は食事はどんな感じなんですか？

中野　液体はどんどん吸収して負担がかからないので大丈夫なんですけど固形物だと具合が悪くなっちゃったりするんで、食事はサプリと、お付き合いで出かけたときにちょっと食べるぐらい。普段は1人前を1日かけて食べる感じです。ただ、ちょっと食べるとすぐお腹いっぱいになるので満足感はあるんですよ。すいません、グルメ記事の取材なのに。

――いえいえ！　レスラーになったことで食に関してもいろんな経験や壮絶な体験をされているんですね。しかも現在進行形で。

中野　でもお酒は基本的に毎日飲んでます。お酒で糖質を摂ってます（笑）。

――アハハハ！　ガールズバーも経営されていますからね。

中野　『ガールズ婆バー』です（笑）。プロレスラー時代に習ったことで今一番役に立っているのが、ダンプさんに無理やり飲まされたお酒なんですよ。普通の人に「プロレスやろうよ」って言っても無理だし、ヌンチャクも何の役にも立たない。でもお酒だけは今でも役に立ってますね。

──まさかそれが引退後に役に立つとは。

中野 あとゴルファーを目指したときに一般の方とお話をするっていうことを覚えたんです。プロレスラー時代はお客さんと話をしちゃいけなかったし、笑ってもいけなかった。壁を作らなきゃいけない仕事だったのが、今は入ってこさせなきゃいけない。ゴルフをやってなかったらお客さんとの会話なんてできなかったかもしれない。

──当時の経験が身を助けているんですね。

中野 そうですね。役に立ってます。プロゴルファーにはなれなかったけど、そのときに学んだことがいっぱいあって、現役当時にやっていたことは無駄じゃなかったなと思います。

現在の中野さんの柔らかな笑顔からは想像もつかないような壮絶な体験の数々を聞かせてもらいました。そんな彼女の現役時代の異名は「女帝」。生死ギリギリの戦いのリングからは降りたものの、その優しい語り口の端々から感じ取れる鍛えあげられたハートの気高さの中には、女帝の名にふさわしい美しさがありました。

前田日明

レスラーめし

VOL.5

永遠にイッキ飲みした「ロシアンウォッカ」

PROFILE

前田日明

まえだ・あきら＝1959年 大阪府生まれ。1977年、佐山聡にスカウトされ新日本プロレスへ入団、1978年デビュー。1984年2月の合同練習を最後に新日本を離脱し、WWFに遠征し、UWFへの移籍を表明。1985年12月に業務提携という形で新日本プロレスに復帰。1986年10月、ドン・中矢・ニールセンとの異種格闘技戦では逆片エビ固めによりギブアップを奪って勝利。この試合を期に「新格闘王」と呼ばれ、プロレス界以外からも注目を浴びるようになる。1988年5月に第2次UWFを旗揚げし、競技色の強い格闘技としてのプロレスを掲げて隆盛を極めた。第2次UWF解散後の1991年春にRINGSを設立。その後HERO'Sのスーパーバイザーや『THE OUTSIDER』大会をプロデュースするなど、日本の格闘技界に大きな足跡を残している。

日本の〝食の都〟といえば、やはり大阪。そこから生まれる食や芸や人は、とても個性的です。そして、もちろんレスラーも。大阪が生んだ個性の塊のようなプロレスラーといえば前田日明さん。その体格と格闘センスの高さで新人時代から高く期待され、ドン・中矢・ニールセン戦、アンドレ・ザ・ジャイアント戦といった伝説の戦いを経て「新格闘王」と呼ばれるように。

さらにUWF、RINGSと格闘技として先鋭化していくリングに立ち続け、1999年に「霊長類最強」と呼ばれたアマレス選手アレクサンダー・カレリンとの対戦を実現しました。その後もさまざまな格闘技・プロレス興行においてスーパーバイザーなどの形で関わり続け、現在では格闘技大会『THE OUTSIDER』のプロデューサーを務めています。

「生で食え」って言われない限りは大丈夫

――前田さんはファンに愛される豪快なキャラクターからしても食事の好き嫌いなどはなさそうですが？

前田　俺、好き嫌いは全然ないんですよ。食べたことないものもまずは食べてみる。ゲテモノ料理も一度は試してみますね。

――最近食べたもので「これは初めて！」というものはありますか？

前田　さすがに来年60（歳）なんでね、60年間食べたことのないものって、なかなかないね（笑）。これは……っていうものでいえば、日本でクロダイとか釣るときの餌にするユムシっていうのがあるんですよ。韓国だとアレを生で食うんです。

――ミミズのでかいやつみたいなものですよね、ユムシって。

前田　そうそう。しかも日本のより立派なんですよ。まあまあ慣れれば酒のつまみにいいかなくらいの味でしたね。あとムカデを干したやつが漢方薬として売ってて、それを煎じて飲んだら咳に効くって言われて飲んだこともあります。まあ、だいたい「生で食え」って言われない限りは大丈夫。

――子供の頃から好き嫌いはなかったんですか。

前田　子供の頃はピーマンやニンジンがダメだったね。肉ばっかり食ってました。でも自分らの親の世代は戦中戦後の食糧難の時代を生きてきたじゃないですか。だから野菜を残したらそれを食べ終わるまでいつまでも出てくるんですよ。朝に残したら昼、昼に残したら夜。それで他のおかずを減らされるんです。最後はピーマンとニンジンだけになっちゃうんで無理して食ってましたね。

――前田さんの子供時代の大阪ってどんな風景だったんでしょう。

前田　本当に下町って感じでね。5つくらい年上と、逆に5つ年下の子らと集まって鬼ごっことかかくれんぼをして遊んでいましたね。そしたらそのへんの人が「これ食べな」ってポンと菓子くれたりしてね。まだ行商の人なんかが普通にいた頃ですね、天秤棒を担いだ魚屋さんとか。

――『じゃりン子チエ』みたいな光景ですかね。

前田　そうそう、本当にああいう感じですね。夕方になると玄関に縁台を組んで、近所のじいちゃんたちが将棋しながら一杯飲んでたりして。近所のおばちゃんが焼くような小さいタコヤキ屋とかもいっぱいあったしね。

――ではその頃、家族で食べた思い出の味ってありますか。

前田　肉と糸コンニャクが入ったスープっていうか、お吸い物みたいなのをよく作ってくれてね。そればっかり飲まされてたんで、記憶に残ってますね。いま考えると、うちの母親って料理のメニューが豊富だったんですよ。小アジの南蛮漬けとか八宝菜とかカレーだとか、今考えると当時としてはいろんなもん作ってたなぁ。母親は15人兄弟だったんですよ。

――当時は兄弟が多い家族は普通ですけど、15人はすごいですね！

前田　そのうち男は2人であとは全部女。それで姉妹でレシピの交換とかしていたみたいで。ただ、そうやってめしを食えたのは中学まででね。中学2年で親が離婚したんですよ。高校生くらいの時期の食べものが一番悲惨で、父親が何万円か置いて3カ月くらい韓国に行っちゃうんですよ。

――前田さんひとり置いて、ですか。

前田　でも電気代やガス代とかを払っていたら1カ月もたたんうちに金が底を突いてしまう。だから最初は親戚の家をウロウロしていたんですけど、それも交通費がかかるじゃないですか。そのうち、アルバイトした金と、父親を脅かして……というか、ゴネて出してもらった金で中古のオートバイを買って。それであちこちに行けるようになったんですけどね。

――ひとりになっても食っていくために、バイクであちこちに行ったんですね。

前田　当時、枚方に『かねまた運輸』ってところがあって、そこがイトーキの大阪支社の搬送をしてたんで、よくアルバイトで助手をやってましたね。だいたいバイトは運送関係で、たまに長距離トラックの助手をやると運転手さんが気前よく飯をおごってくれたりしてね。カツ丼とかカツカレーとか、とにかくお腹いっぱいになるもの。それがうれしかったですね。

美食すぎるセントバーナード

1977年に新日本プロレスへ入団した前田さん。アントニオ猪木がモハメド・アリやウイリアム・ルスカと戦うなど、異種格闘技戦の興行が数多く行われ、世間の耳目を集めていた時代です。前田さんが山本小鉄さんを始めとしたコーチ・先輩たちにしごかれていた話はプロレスファンには有名なエピソードです。

――新日本プロレスでは、もちろん新弟子からの生活になりますよね。

前田　合宿所の食事はちゃんこですね。365日朝昼晩ずっと鍋です。たまにちゃんこ番の人がサボりたくて、バター焼きと称して鉄板で肉を焼いたりするくらい。当時一番驚いたのが、1日のちゃんこ銭が2万円支給されていたんですよ。大学の初任給が8万とか10万円の頃ですよ？

――1日2万円って、当時の合宿所には何人くらい住んでたんですか？

前田　その頃は寮生が一番少ない時期で、5〜6人くらいでしたね。新弟子が入っても、すぐ辞めていっちゃうんですよ。そんな人数で、1日2万円の食費なんて使い切れないじゃないですか。でもちゃんこ銭を余らせると支給額を下げられちゃう。

——けっこういい肉を食べても当時のお金で2万円分は大変ですよね。

前田　他に差し入れなんかもありますしね。とにかくその額を使い切らなきゃいけないっていうんで、毎食毎食、肉を3キロとか4キロ買ってきてた。食べきれなかったらどうしてたかというと、猪木さんが飼っていたセントバーナードに食べさせたりしてね（笑）。

——アハハハ！　美食すぎる犬ですね。

前田　ほんとに高い、すごくいい肉ですよ。今だったら親戚にでも送りたいよね（笑）。

——しかし新弟子時代となると体重を増やさなきゃいけないんでしょうけど、食べるのも大変ですよね。

前田　一番少ないときでも米1升くらい炊いてましたよ。格闘家が減量のために「食べるな食べるな」って言われるのもつらいと思いますけど、とにかく体重増やすためにここまで（喉を指差して）「食べろ食べろ」って言われるのもつらかったですね。もともと食は細かったんです。中学から高校にかけては、1食どかんと食べるんじゃなくて、1日に細かく5食とか6食を食べるような生活だったんで。

——前田さんは入団した時から身長は高かったんですよね。

前田　そうすね。中学3年で175センチで、高校卒業するころは189。新日本に入ってまだ伸びて、結局192センチまでいきましたからね。

――それだけの体格があってもごはんはキツかった。

前田 そうすね。合同練習の日の食事のときとか山本小鉄さんが食べ終わるまで監視していて「おまえ、何杯食った?」って聞いてくるんですよ。

――「鬼軍曹」がごはんチェックを!

前田 ビールを飲みながら目の前で何杯食うか見ているんです(笑)。山本さんはすごい人でしたね。練習も率先して若いのと同じメニューを同じだけやって、終わったら終わったで、下っ端のめしの面倒まで見て。家に帰ったときくらいはくつろいでいるのかなと思ったら、奥さんのために家でもごはんを作ったりしていたらしいですからね。

「小林旭さんが全部払っていかれました」

プロのレスラーは練習をするのが仕事なら食べるのも仕事。しかし、それは身体を作るためだけではない。後援者たちに「プロレスラーって、これだけ食べられてすごいだろう!」と見せつけるために食べてみせるのも、また仕事なのです。

前田 合宿所のレスラーってのは、試合後にスポンサーに連れていってもらったときの「食べる係」なんですよ。どこも「レスラーってすごい食べるんでしょ?」って出してくれるんで、先輩レスラーが残したものを全部食べなきゃいけないんです。たぶん、いいものを食べてたはずなんですよ。今考えたらミシュラン三ツ星の超一流コックみたいなところばっかりでしたし。でも量を食べなきゃいけないから味を楽しんだ覚えが全然ないですね(笑)。お茶で流し込んだりとかそういうのばっかりで。

――どこのお店がおいしかったとか覚えてないですか。

前田　みんなおいしかったんですけど、基本的に腹に詰め込む作業ですね。味わってるヒマなんてなかったです。ありとあらゆる食べ物を食べましたけどね。珍しいもの、高いもの……満漢全席みたいなのもありましたね。

――中国の選りすぐりの料理を集めたという宴会のメニューですね。本家は数日間かけて食べるという話もあるほどの。

前田　熊の手も食べたことがあります。右手か左手か、どっちかが高いんですよね? ハチミツをとる方が高いとかで。「ホントかよ?」って思ってたけど(笑)。

――当時は新日本プロレスのトップにアントニオ猪木さんがいらした時代だけにスポンサーもすごいでしょうね。

前田　昭和30年代や40年代の芸能界やプロスポーツの第一線にいた人たちの環境と今の芸

能スポーツ界って全然違いますよね。昔は本当にあがめられていたっていうか、本当に〝スター〟だった。周りがスターにごちそうすることが「うれしい、誇らしい」みたいな時代。

――「俺はあのスターにごちそうしたんだ」ってのが自慢になる時代ですよね。

前田　勝新太郎さんや小林旭さんにおごってもらったこともありますよ。しかも何万円って話じゃないですよ、100万円とか。

――えー!!

前田　俺らが結婚式の2次会だったかで大騒ぎしていたお店に小林旭さんが入ってこられて。「すいません、お騒がせしてます」って挨拶したら「いいよいいよ、気にしなくていいから」っておっしゃってくれたんですよね。でもその後に席を見たらいなくなっていたから「やっぱりうるさかったんだな、申し訳ないな」って思ってたんですよね。それで俺らも出ようってなって、皆からお金を集めて支払おうとしたら「小林旭さんが全部払っていかれました」って言われて「えー!」って。その時の支払いは本当に100万円以上だったと思いますね。

――さすが小林旭！って感じですね。

前田　この前、松方（弘樹）さんが亡くなったときもいろんな話が出てましたけど、あの頃の昭和のスターはスケールが違いますね。

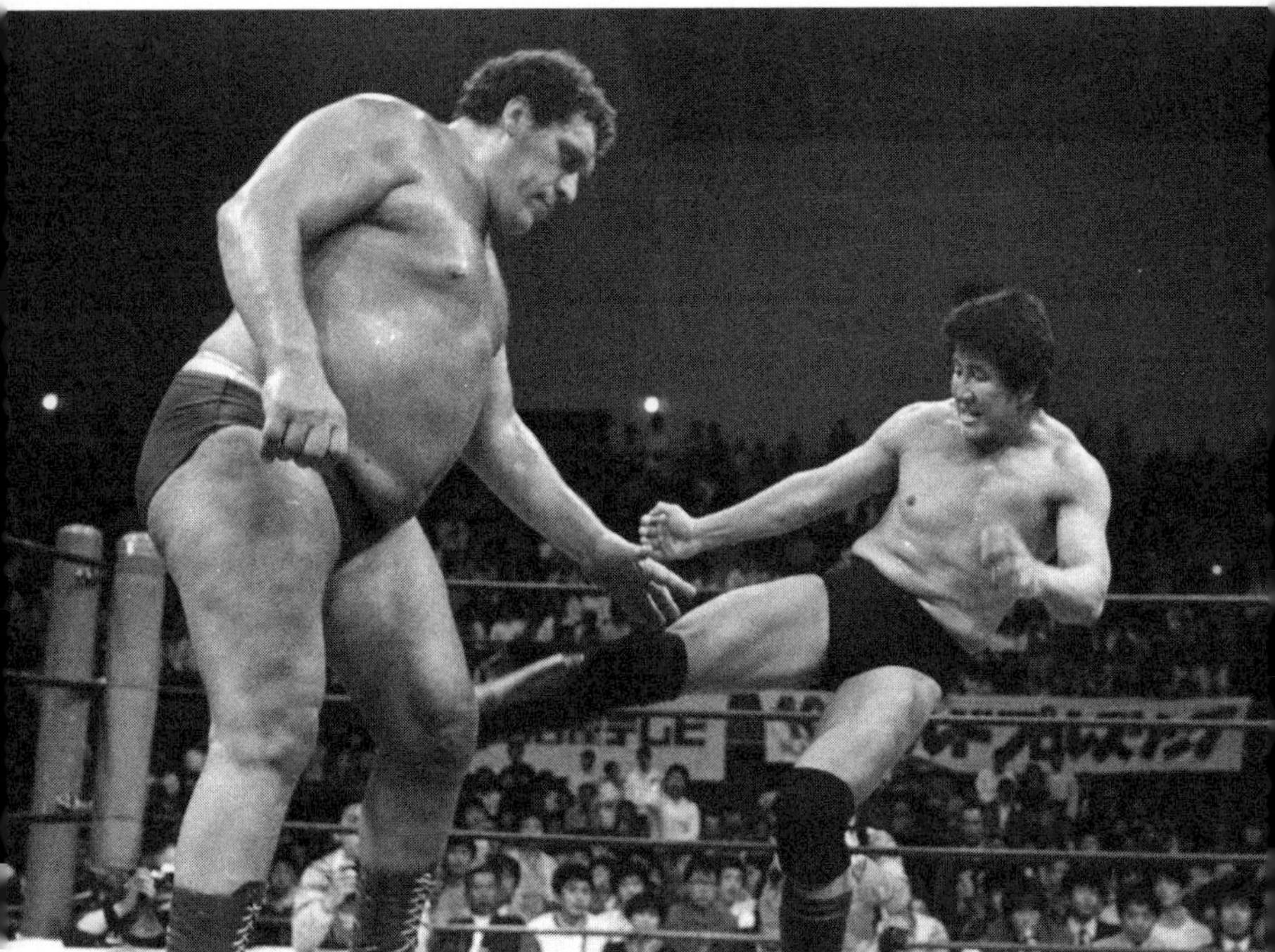

――そういう意味では猪木さんもスターだったんじゃないですか。

前田　猪木さんも……（ニヤリと）そうですね。でも選手に対してはスパルタでしたね（笑）。

――アハハハ。

前田　でもね、猪木さんは猪木さんで夢っていうか野望があって、巨大ビジネスを成功させようとして結局失敗して60億くらいの借金をこさえたけど、最終的には完済してましたからね。そのスケールはすごいですよ。

プロテイン入りの小便で仕返し

プロレス観戦歴の長いファンなら「昭和の新日本プロレス」というキーワードに夢を抱く人も多いはず。試合だけでなく、普段の生活もまた〝猛者〟ばかりでした。彼らのそんな一面をわかりやすく見せてくれるのがレスラーたちの「めし」と「酒」です。

――前田さんが新日にいたころ、周りにいたレスラーの中で食に関して「この人はすごかった！」という思い出の人はいらっしゃいますか？

前田　当時の自分らの先輩たちはね、この前亡くなった荒川真さん（ドン荒川）もそうだし今新日本の道場管理をやっている小林邦昭さんもそうだけど、みんな食いましたね！すごい食べた。小林さんなんか、新人時代に東京から大阪まで行く3時間の間に新幹線の食堂車のメニューを上から下まで全部食べたらしいからね（笑）。荒川さんは旅館で6合か8合入りのおひつをひとりでふたつ半食べてました。

――別の意味でレスラーのすごさを感じさせますね。

前田　よく食べる選手のことを「エビスコが強い（※もともとは相撲の隠語で大食い、または大食漢の力士のこと）」って言うんだけど、エビスコが強いか弱いかって大事でしたね。今考えると、若い頃に無理してでも食わされたからあの練習に耐えられたんだなってのはあります。ただ耐えるだけならあの食事はいらないんですが、身体を大きくしなきゃいけない。当時のレスラーの1日の摂取カロリーは万単位だったたんじゃないかな。

――練習や試合で消費してるわけですからね。

前田　当時、新日本は鉄骨プレハブの道場で、夏場は窓を閉めきって練習してたんですよ。外の気温が30度を超すと、だいたい道場の中は47、48度。そんな環境でやらされるんです。それには理由があってね。当時俺が入って3年目か4年目までの頃は、蔵前国技館とか愛知県体育館、あと改装前の大阪府立体育館にはまったく冷房がありませんでした。しかも放送用の照明がリングに向けられる。だから第1試合が始まる時点で、リング上は40度くらいになるんですよ。だから猪木さんがメインイベントをやる頃にはさらに暑くなってる。そんな中で試合をするわけですから。

――なるほど、過酷な暑さの中で練習する意味があったんですね。

前田　若手の頃とか、練習前と練習後で最初は7キロくらい体重が減るんですよね。「練習中には水を飲んじゃいけない」って時代だから。トイレに行って便器の水を飲もうかな……って、ここ（口の手前）まで来たこと、何度もありますよ。そんな練習をしながらも身体を大きくするためにかなりの量を食べているから、最初の3年で30キロは太りましたね。

――そんなに！　食事はどんどん食べなきゃいけないし、水は飲みたいときに飲めない。

前田　ただ、みんなそれぞれ特製ドリンクみたいなの作ってるんですよね。自分も1リットルのコーラの瓶に、当時なけなしのお金で買ったプロテイン入りのドリンクを入れていた。当時700グラムで4万円くらいしましたからね。

――高級品だったんですね。

前田　でもね、知らない間にそのプロテインを先輩が飲んじゃってるんですよ。そりゃもう、頭にきてね。「コイツなんとかしてやろう！」って思って、ドリンクにこっそり小便を入れてね。ちゃんとプロテインも入れて。

――アハハハ、プロテインも一応入れるんですね（笑）。

前田　それで「誰が飲んだかわからないけど、頭にきたから小便入れてやった！」って言ったら、後ろで2人くらいゲホゲホ言ってもどしてて。ひとりが栗栖（正伸）さんで、もうひとりが荒川さんやったっていう（笑）。

酒を飲み目が覚めたら縛られていたワケ

――今だとプロテインとかサプリとかが当たり前じゃないですか。当時はまだ少数派だったんですか？

前田　自分が入った頃は荒川さんが寮長で、しばらくして小林邦昭さんが寮長になって。小林さんが、その頃アーノルド・シュワルツェネッガーの大ファンで。

――俳優になる前、ボディビルダーとして名を上げていたころですね。

前田　その影響でプロテインを飲んでいたんですよ。最初はクソ高かったんですけど、しばらくして粒状のプロテインが出てきて、それでけっこう値段も安くなったんですね。900粒くらいで当時なんぼくらいしたかな、5000円とか6000円くらい？　もっとしたかな？　それでもずいぶん安くはなったんですよね。その頃からプロテインとかレバータブレットとかを採るようになったんちゃうかな。

――それ以降はそういうサプリ的なものを飲むようになったんですね。

前田　最初は隠れて飲んでたんですよ。山本さんに見つかったら没収やから。「ナチュラルが一番だ！」って人だったから。ゴッチさん（カール・ゴッチ）もプロテインとかを飲むのはダメっていう方やったね。

――そのおふたりがナチュラル派というのはわかる気がします（笑）。あと、お酒についてはいかがでしたか。

前田　新日本プロレスに入る前は、ビールのロング缶1本くらいでいい気持ちって感じやったんですけど、入ってからはもう「飲め飲め飲め飲め！」の世界。入門半年くらいの頃にレフェリーのミスター高橋さん主催で花見をやることになってそのとき「お前ら、これからなにかと酒を飲まなきゃいけなくなるから酒癖が悪いかどうかチェックするぞ」って言い出したんですね。それでどんぶりに氷を入れて日本酒も入れて、レモンをガーッとしぼって「さあ飲め！」と。ガンガン飲まされたんですね。

――うわー、もう最初からどんぶりで。

前田　そんで飲んでいるうちにわけわかんなくなって、気がついたら合宿所のある一室で、芋虫のように縛り上げられて、猿ぐつわをされて。

――ええ⁉

前田　あとで聞いたら包丁を持って暴れたらしいんです。

――えええ！

前田　それで高橋さんが、俺が持ってる包丁を取ろうとしてつかんで手に刺さっちゃったりして。

――ええ……。危なすぎますよ！

前田　ヒロ斎藤が逃げようとしたところに後ろからバッと包丁を投げたら身体の真横に突き刺さったとか（笑）。

――うわあ……。前田さん、酒が強くはなかったんですね。

前田　全然！　飲めなかったですもん、当時はね。それからしばらくして海外遠征から帰ってきて大飯を食えるようになった頃には飲めるようになりましたね。今もそんなには強くはないんです。でも体力はあるから永遠につぶれない。気分悪くなったらオエーッっと出して、空っぽになったらまた飲む……みたいな。周りはえらい迷惑ですね（笑）。

――さすがに包丁は投げなくなったと（笑）。

前田　そうですね！　大騒ぎするだけで。その頃の面白い話があって、結婚式に行って新郎をつぶすのが趣味だったんですよ。

――ひどい趣味ですね（笑）。

前田　角田（角田信朗）の結婚式に呼ばれて行ったんですよ。そこで、ウェイターに「ウイスキー1本ください」って頼んで、これを角田とサシで飲んでつぶしたろと思ってたら、俺の隣が極真空手第1回世界チャンピオンの佐藤勝昭さんだった。「前田、お祝いの席でイタズラする気やな」っ気づいて止めてやろうとしたんでしょうね。「前田さん飲むんですか！　一緒に飲みましょう！」って言って、グーッとイッキしてドンとボトルを置いて。それでイッキイッキみたいな流れになって、結局4本半くらい飲んだのかな。最後に佐藤さんがつぶれたんですよ。

――困ったRINGS対極真ですね（笑）。

前田　その足で角田のところ行って、奥さんが立ちはだかったんですけど、奥さんも（お酒で）つぶして、角田もつぶして。最後に花束贈呈のタイミングになって「母さんが～夜なべ～をして～」の曲が流れたんですけど「そんなもん決まってんだろ！　オ○○○したに決まってんだろ！　○○○！　○○○！」って大声で言ってたら、みんなに無視されましたね（笑）。

酩酊状態でのサウナ→水風呂で心臓麻痺!?

――それからUWF、RINGSと新たな闘いの道を切り開いていった前田さんですが、実質トップ選手や経営者側になったことで大変だったことも多いんじゃないですか。それこそ道場の食事なんかもお金を出す側になるわけですし。

前田 UWFのちゃんこは基本的に新日本の延長線上だったんですけど、最初の頃は選手たちでちゃんこ銭を出し合ったりしてましたね。でも肉の量はお腹いっぱいになるようにはしてましたよ。少しずつ応援してくださる人も増えてきて、差し入れをもらうようになったり。ありがたかったですね、いろんな人に応援してもらえて。

――トップ選手になって酒の席も増えたんじゃないですか。

前田 増えましたね。当時はなんか妙なこだわりがあって、最初の1杯から最後の1杯まで全部イッキしようって。選手も全部やってましたね。

――美学というか、前田さんなりの「レスラーらしさ」みたいな。

前田 ……なのかわからないですけどね。酒といえば当時、益荒男関（現・阿武松親方）と寺尾関（現・錣山親方）、琴ヶ梅関の3人と仲良しで、俺と髙田（延彦）と山ちゃん（山崎一夫）と、その3人で伊豆の長岡まで旅行に行ったことあるんです。当時は海外までよく行ってたんですけど、飲みもしないのに高級ウイスキーを免税店で3本ずつとか買って帰ってきて、それが何十本と家にあったんで持ち寄って飲もうぜってことになったんです。結局2泊3日で40～50本くらい空にしましたね。ボトルを全部イッキして。

――力士とレスラー6人がイッキでウイスキーを飲みまくる光景……すごそうです。

前田　みんな酔っ払って、いい感じのときに琴ヶ梅関が平気な顔してるんで「梅ちゃん飲んでないねえ～」って挑発したら、「あ、すいません」ってブランデーの栓を開けて、まるでコーラでも飲むみたいにゴクゴク飲んで……すげえなって。いろいろな奴と飲んできたけど、酒を飲むのでいったら琴ヶ梅関が一番すごかったですね。

――前田さんは力士やプロレスラー以外にもいろいろな格闘家とお酒を飲まれていると思いますけど、一番飲み食いがすごかったのは誰ですか？

前田　琴ヶ梅関もかなりすごかったけど、レスラーでも強い人はいますね。アンドレ（ザ・ジャイアント）なんかは試合前に必ずラーメン1杯とコニャック1本を飲んでいましたからね。あれもコーラを飲むみたいにコニャックを飲んでましたよ。

――レスラーにも力士にもとんでもない人がいるもんですね。

前田　酒飲みというとロシアがすごかった。1991年にロシアに選手を探しに行ったんですが、当時はペレストロイカで物資が全然ないのにわざわざ祝いの席を作ってくれるんですよ。それで1日に10数カ所パーティーを回って、その間はどこに行ってもずーっとウォッカをイッキ（笑）。すごいのは、ロシアって乾杯のときに「これはなんのための乾杯か」を演説しなきゃいけないんです。それでいい演説したら、それに対してまた「私も賛成です！」って演説が始まるんですよ。それに対してさらに「反対です！」って演説も始まったりして、そのたびにイッキしなきゃいけない。もうロシアに着いてから成田に帰ってくるまで、ずーっと酔っ払ってましたね。

——行く先々で飲まされるんですね。

前田　でもその頃はとにかく物資がない。もしウォッカがないときはどうするんだって聞いたら「アルコールだけは切らさずに飲んでたよ」って答えてくる。何を飲んでたのか気になって聞いてみたら「オーデコロン！」だって（笑）。すごいでしょ？　そういう奴がロシアにはいっぱいいるんですよ。あとメタノールってあるじゃないですか。あれも「目散るアルコール」って言うくらいで、飲むと目がつぶれるって言われてるんですよ。でも彼らは「薄めて飲めば大丈夫だ」って。

——いやそれ、全然大丈夫じゃないです！

前田　「メチルで果物を漬けたのがあるけど、飲むか？　毒消しになるんだよ！」って言われたけど、さすがに「いやいやいや！」って。彼らはすごいよ、本当に。

――なんで生きてるんでしょうってレベルですね（笑）。ちなみにRINGSはオランダともつながりが強かったですけど、オランダ人は酒が強いんですか？

前田　あそこは意外と大酒飲みがいないんですよね。オランダは大麻とかもフリーの国だから、そっちにいっちゃうんじゃないかな。

――なるほど（笑）。

前田　やっぱ酒はロシアよ。あとロシア人と酒を飲むと怖いのが、「サウナに行こう」って誘ってくるんです。しかも、もう首まで酒を飲んでベロベロになって、なんとか意識だけは保って、もう1杯飲んだら意識が飛ぶかもってときに。仕方なく一緒に行くんですけど、サウナの中で倒れたり一番最初にサウナから出たら格好悪いじゃないですか。だから「せめて3人目が出るまで頑張ろう」って死ぬ気で耐えるんですよ。それでやっと（サウナから）出られるってタイミングになって、やっとの思いで涼しいところに行こうとしたら……サウナの後に水風呂につかるか、雪に飛び込むか選ばないといけない。

――サウナからの雪！

前田　雪っていっても出た瞬間にマイナス20℃の世界。じゃあ水風呂にするかっていってても、日本のサウナだといくら冷たくてもせいぜい10℃そこそこでしょ。でも向こうの水風呂は凍る寸前の0度なんですよ。だから入った瞬間、心臓がドドドド！　って動いて「ああ、これが心臓麻痺っていうんだな」って経験をしましたね。

――そんな「酒とサウナの生活」をしていたら、ナチュラルに鍛えられますね、ロシア人。

前田　ロシアの連中の話だと「日本から柔道とかの選手が来ても、飲ますとだいたい倒れる」と。それで「倒れなかったのはアントニオ猪木と前田だけだ」って褒められましたね。その辺はね、益荒男関とかと酒の研鑽《けんさん》を積んだからってのはありますよ（笑）。

プロレス界に未開の地を切り開いてきた、前田さんならではの豪快すぎる酒の話でした。ちなみに今前田さんが気になっているのは、「家康が作った漢方のレシピ」。現在薬品メーカーでも普通に売られている漢方薬「八味地黄丸《はちみじおうがん》」は、元々は内分泌を高め復活させる滋養強壮薬だったといいます。

前田さんのこの好奇心こそが、これまで闘ってきた試合や興行を見る時に私たちをワクワクさせてくれる一番のスパイスだったのかもしれません。

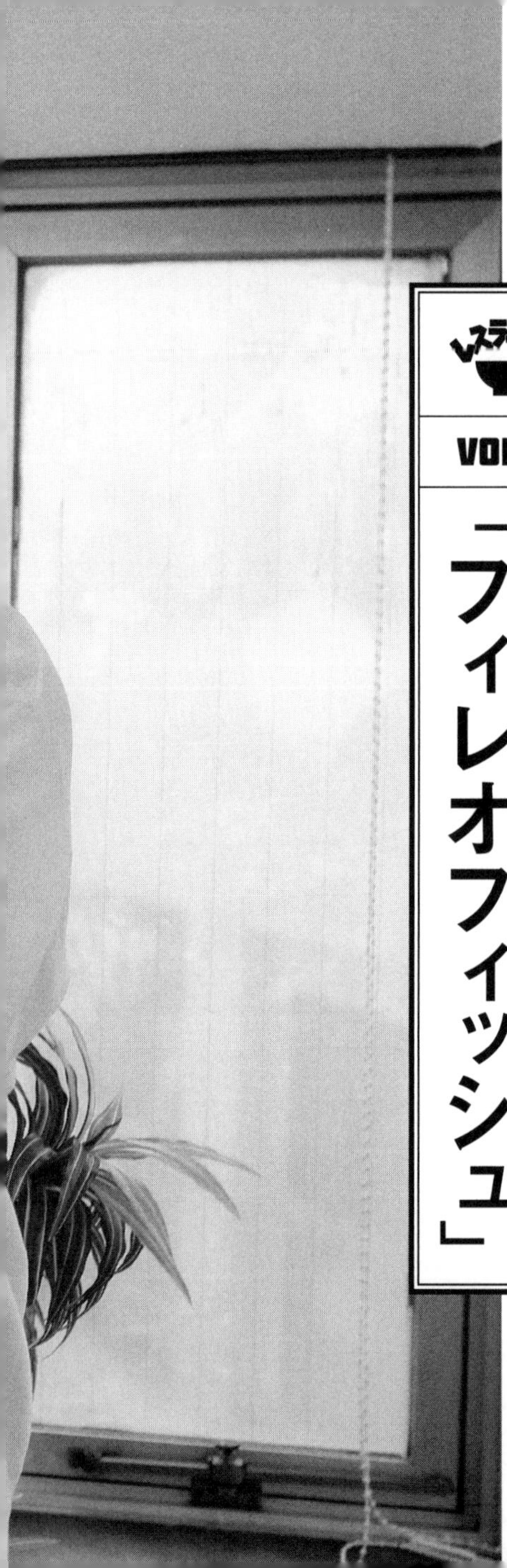

レスラーめし

VOL.6

ジャイアント馬場と食べた「フィレオフィッシュ」

越中詩郎

PROFILE

越中詩郎

こしなか・しろう＝1958年 東京都生まれ。1978年、全日本プロレスに入門、翌年の園田一治戦でデビュー。1984年よりメキシコ、東南アジアへ遠征、「サムライ・シロー」の名で暴れた。1985年には新日本プロレスに移籍、初代IWGPジュニアヘビー級王者となる。1992年、誠心会館との抗争に関して新日本プロレス選手会と対立。同年8月に反選手会同盟（後の平成維震軍）を結成する。2003年の新日本プロレス退団後はWJプロレス所属後、フリーとして活躍。2004年にはプロレスリング・ノアの武道館大会に単身乗り込み、「19年前の約束を果たしに来た」と三沢光晴戦を直訴。同年12月に横浜文化体育館において、19年ぶりに越中vs三沢のシングル対決を果たす。

普段の表情からも感じ取れる誠実さと、その奥底にある強烈な反骨心。「やってやるって！」の名セリフで知られる越中詩郎選手といえば、またの名を「サムライ」「ド演歌ファイター」。現役生活40周年ももう間近、まだまだヒップアタックのキレ味は衰えません。

1978年に全日本プロレスに入団し、メキシコへ武者修行後にさらなる活躍の場を求めて新日本プロレスへ。UWFから帰ってきた髙田延彦の蹴りを受けまくってから逆転するファイトスタイルは敵味方ともに称賛され「ジュニア版名勝負数え唄」と呼ばれるまでに。

選手会と対立して『反選手会同盟』を設立、そのメンバー増加にともない『平成維震軍』を結成した。その熱く泥臭い戦いは、当時のきらびやかなドームプロレスとは違うファイトを求めるファンたちを熱狂させました。

WJプロレスに所属したあとはフリーランスとして幅広い団体に参戦。バラエティー番組『アメトーーク！』でのケンドーコバヤシのトークをきっかけに〝越中ブーム〟が巻き起こったことも。

新日本プロレス以降に活躍したイメージが強いですが、デビュー当初はジャイアント馬場さんの付き人も務めた越中選手。先輩にはジャンボ鶴田や天龍源一郎、後輩には三沢光晴という一番濃い時期の全日本の頃のめしの話から伺ってみましょう。

「体重100キロになったら海外遠征させてやる」

越中　若手の頃は練習の時間もイヤだったけど、それと同じくらい食事の時間もイヤだったね！　ここまで（喉を指差して）食べているのに「まだ足りない、もっと食え」って周りが言ってくるんですよ。入門当時なんてまだ身体もできてないですからね。細いうちはずっとそうです。入門当時は80キロくらいだったんですけど、すぐ上の大仁田さん（大仁田厚）や渕さん（渕正信）でも100キロありましたから。

――とにかく「食え、太れ」というのが若手時代なんですね。

越中　馬場さんも「体重100キロになったら海外遠征させてやる」って言ってましたしね。その頃で印象に残っているのが、カブキさん（ザ・グレート・カブキ。当時は高千穂明久）にね、「朝3升水を飲め」って言われて。「水って重たいだろ、体重が増えるからいいんだ！」って一升瓶の水を3本も飲まされたんですよ。先輩の言うことには「はい、はい」って言わなきゃいけない業界。朝から3升も水を飲んだって、ぜんぶ小便でなくなってしまうんですけどね。たぶんカブキさんの思いつきだったと思うんですけど（笑）。

――昭和の時代は新日本も全日本も、若手に無茶ぶりする先輩は変わらないですね（笑）。ちなみに越中選手の若手の頃って、他にどなたがいらっしゃいましたか？

越中　自分らの上だと馬場さん、鶴田さん（ジャンボ鶴田）、天龍さん（天龍源一郎）がいて、小鹿さん（グレート小鹿）、大熊さん（大熊元司）、カブキさん、百田ブラザーズ（百田義浩・光雄）がいてロッキー羽田さんがいて。あと昭雄さん（佐藤昭雄）、桜田さん（ケンドー・ナガサキ）……けっこう海外遠征に行ったり来たりしていたので、いたりいなかったりはありますけどね。

――同期というか、世代が近い若手だとどのあたりの方ですか？

越中　上が大仁田、渕、園田（ハル薗田）、その下の自分がひとりで2年くらい後に後藤（ターザン後藤）が入って。三沢（三沢光晴）とかはもうちょっと後。4～5年くらい後だね。

――あらためてすごいメンツですね。若手の頃はやっぱりちゃんこ作りから学んだんですか。

越中　そうですね。また小鹿さんが凝り性で、合同練習の最後に築地に行ってイワシを買ってきて、全部さばいてすって、イワシの団子みたいなの作るんですけど、それがまた大変なんですよ！　今みたいにミキサーみたいな調理器具がないですから。見よう見まねですり鉢ですって、団子を作って……。

夜中に酒屋をたたき起こして買ったビール

まさに昭和の全日本プロレスの黄金期。確かにこんな名選手たちと食事をともにするなんて、若手にとっては非常に気苦労の多い時間だったでしょう。しかし「さらに大変なのは巡業ですよ！」と言う越中さん。当時の全日本プロレスは年間２００日近くを全国で試合していました。

越中　僕らの時代は巡業というと泊まりは旅館だったんです。年間200試合くらいして、そのうち3分の2は旅館。でも先輩たちはだいたいその土地の偉い人に呼ばれたりして外出しちゃうから、僕ら若いのが旅館から用意された分を「食え食え！」って言われるんです。余らせちゃうのがもったいないからって。それが本当にキツくてね……（遠い目）。試合が終わって「今日は（先輩レスラーが）何人いないの？　5人？」ってそればっかり気になっちゃって。

――事前に食べさせられる量を計算してしまうんですね。むしろ先輩選手たちが外出しない方がうれしいと。

越中　いやそれがねえ、旅館だと上の選手は個室があるんだけど、僕ら下の選手は大広間

勝

に寝させられるんです。でもみんなその大広間で明け方くらいまで飲むから、こっちはこっちで寝てられないんですよ！

――食べなくて済んでも、今度は寝られない！

越中　しかもビール10ケースか20ケースくらい飲んで、その上夜中に「酒が足りない！」って騒いで「酒屋さんを起こして買ってこい！」って注文が入るんです。初めて来たような地方なのに。今ならコンビニもあるけど、いきなり夜中に酒屋さんの戸をたたきに行ったって起きてくれないですよ。

――酒の席でひどかった先輩というと？

越中　馬場さんと鶴田さん以外全員ですね（キッパリ）。というかそのふたりは別のホテルに泊まっていたりするんです。ふたりがいないから荒れるんですよ。馬場さんがその場にいてくれたら、皆おとなし～く食べるんだから（笑）。トップがいないから、たまったものを吐き出しちゃう。特に小鹿さんとか大熊さんは飲みましたね！　もともとお相撲さんですから。

――元力士といえば、その時代だと天龍さんとも飲む機会は当然ありましたよね。

越中　天龍さんも泊まる場所が別なんですよ。ただ酒の席に呼ばれると大変なんです。アイスペールにいろんなお酒を注いで、イッキさせられる。

――噂の「天龍カクテル」！

越中　僕が覚えているのが、天龍さんと長州さんと飲んだとき。札幌で試合が終わって、それぞれ予定があったんで3軒目くらいで合流しようって話になったんです。お店で一緒になったら「越中、来ーい！」って呼ばれて。そしたらビールの大ジョッキがあるじゃないですか。あれにワインをなみなみと注いで、駆けつけ3杯やれって飲まされるんです。

――天龍さん、長州さんのふたりに言われたら断れませんね（笑）。

越中　そこからもすごく飲まされて、気づいたときにはホテルの電話を握ったまま寝てましたね。たぶん誰かに助けを求めたかったんだと思うよ（笑）。

――お酒に付き合わされる若手もハードですね！

越中　ただ旅館泊まりは自分や後藤の時代まででしたね。三沢とかはもうビジネスホテルの時代だったんじゃないかな。三沢や川田（川田利明）の頃はずいぶん楽になっていたはずですよ（笑）。それでも飲みに連れて行かれたりはしたでしょうけどね。ただ、みんなそうやって強くなってたと思うんです。試合や練習以外の強さみたいなのも含めて、全ての面で強くなってたんですよ。

――きつい食事の思い出ばかりですが、おいしいものを食べさせてもらった思い出はないんですか？　スポンサーの方と豪勢なごはんを食べに行くとか。

越中　それもありましたよ。ジャンボさんが同じ寮に住んでいたんですけど、どこかに呼ばれるときはよく一緒に連れていってもらいましたね。ジャンボさんって、入団は大仁田さんより後だったけど、入ったら他の選手をいっぺんに飛び越えてメインイベントに立っちゃったんです。そんなの先輩たちからすると、正直面白くないわけですよ。

――試合では一緒に戦っても、プライベートまで仲良くはなりづらい。

越中　そう。だからちょっと年齢の離れた僕らを食事に連れて行ってくれましたね。面と向かって僕らには言わなかったけど、ジャンボさんも寂しかったと思いますね。

ジャイアント馬場さんがハマったフィレオフィッシュ

当時の全日本プロレスのトップといえば、ジャイアント馬場さん。若手時代、越中さんも付き人を務めるなど近い距離にいたといいます。小橋建太さんのインタビューの時にも馬場さんの話が出てきましたが、越中さんが話す馬場さんの様子は小橋さんが付き人をされていた頃とは全然違いました。

――全日本の若手時代に食べたおいしいものの思い出ってなんですか?

越中　やっぱりステーキですね。のちにジャイアント馬場さんの付き人になるんですけど、巡業が始まる頃になると、馬場さんの定宿のキャピトル東急（現ザ・キャピトルホテル東急）に着替えや荷物を取りに行かないといけないんですよ。

――馬場さんの定宿だったホテルですね。

越中　そこのレストランに『オリガミ』ってお店があってね。荷物を取りに行くと「腹いっぱい食って帰れ！」ってめしをおごってくれるんです。気を使って安いものを頼むと「馬鹿野郎！」ってステーキを食わされて、それ食べたら「たった1枚だけか！」って。

――以前、小橋さんに話を聞いたときは、おいしいものはぜんぜん食べさせてもらえなかったみたいですけど、何か違いがあったんですかね。

越中　ああ、そうなんですか。僕はなんでも食べさせてもらいましたね。お寿司屋さんに行っても、かっぱ巻きって注文すると「馬鹿野郎、好きなもの食え」って言ってくれて。高級料亭とかお寿司屋さん、ステーキ屋さん……メキシコ行くまではずっと付き人をしていたので、いろいろ行かせてもらいましたね。

――やっぱり馬場さんくらいになると、周りも高いお店にしか連れて行かないんでしょうね。

越中　ただ、ひとつ面白い話があってね。北海道の巡業のときだったと思うんですけど、試合が終わってすぐ移動しなきゃいけない日があったんですね。それで付き人の自分とスタッフと馬場さんで、ワゴン車かなんかで移動して。それで途中で腹が減ってきたんですけど、行けども行けどもめしを食うところが見つからないんですよ。

――さすが北海道ですね。

越中 そしたら途中にマクドナルドがポツンとあったんです。それで僕らは腹が減ってるから「馬場さん、他になにもないからマクドナルドで我慢してください」って言ったんですけど「嫌だ」って首を縦に振ってくれない。

――そういうところはかたくななんですね、馬場さん。

越中 僕らには「食べていい」って言うんですけど、明らかに馬場さんの機嫌が悪いんですよ（笑）。「俺はそんなの食わない！」って。それで、フィレオフィッシュってあるじゃないですか、あれを出して「とにかく試しに食ってみてください！　お願いします！」って頼み込んで渡して。馬場さんもフィレオフィッシュひとつでさんざんゴネたんです。「なんだこんなもん」みたいな。でもこっちも食べてもらおうと必死でお願いしてね。で、なんとか食べてくれたら「……こんなうまいもんはない」って（笑）。

――アハハハ！　コロリとフィレオフィッシュにやられましたか。

越中 それから1週間くらい毎日、フィレオフィッシュを食べてましたね。何かあると「おい、あれ買ってこい！」って。

——普段は最高級ステーキを食べてる人がハマっちゃったんですね。

国民的俳優に会っても「おう」

若手に買わせてきたフィレオフィッシュを食べる馬場さん。その光景を想像すると、ほほえましいものがあります。さらに馬場さんほどのビッグネームになると、行く先々で有名人との出会いが。

越中　それと食事とは関係ないですけど、富山で試合があって、宿泊したホテルの上がラウンジになってたんです。それで馬場さんとお付きの人と僕がそこでごはんを食べてたんですよ。そこにサザンオールスターズの桑田佳祐さんがいらして、挨拶しに来てくれたんですよ。

——おお、桑田さんもプロレス好きで有名ですもんね。

越中　それで「桑田です」って言ってくれているのに、馬場さんはくわえ葉巻で「おう」って感じですよ。それで桑田さんが帰ったあと、僕に「おい越中、あれがゴダイゴか?」って聞いてくるんです（笑）。

――アハハ！　バンドってのは合ってますけど、なぜそんな間違いしたんでしょうね。

越中　「ゴダイゴを知っていて、なんでサザンを知らないんだよ」って疑問はありましたけどね（笑）。その後、自分は新日本に移ったので猪木さんも近くで見ることが多かったですけど、猪木さんは社交的なんでそういうときにはサッと立ち上がって握手するんですよね、新幹線でもどこでも。でも馬場さんはどこに行っても照れ屋でね。高倉健さんが来たときですら席を立たずに「おう」って感じですからね。

――性格が全然違うんですね。

越中　でもやっぱり馬場さんと猪木さんは国民的スターでしたね。ホントに誰でも知っている存在でしたから、すごいですよ。

若手に優しかったブッチャー、シーク

越中選手がいた頃の全日本プロレスは外国人選手もトップスター揃い。若手選手はそのカバン持ちとして帯同することも多かった。

越中　付き人じゃないんですけど、ブッチャー（アブドーラ・ザ・ブッチャー）とか向こうのトップの外国人選手が来るとカバンを持ったりしなくちゃいけなかったんで、一緒に

移動しましたね。マスカラス（ミル・マスカラス）にファンクス（ドリー・ファンクJr.&テリー・ファンク）、ハンセン（スタン・ハンセン）。このあたりはよく一緒に移動してました。マスカラスなんてカバンの数もすごかった。

――外国人選手で印象的だった選手は？

越中　ブッチャーとかザ・シークですね。毎日カバンを持ってると、最終戦になったら小遣いをくれるんですよ。

――なるほど、チップ感覚ですね。

越中　面白いのが、同じタイミングで来日しているときだとお互いを意識してるんですよ。「おいお前、シークから金もらったか？」ってブッチャーが聞いてきて、シークも同じことを聞いてくる。彼らは太っ腹でしたよ。でもファンクスやマスカラスはなにもくれなかったですね（笑）。

――「プロレスの悪役は、実は裏ではいい人だ」ってよく言われますけど、若手からすると本当にいい人ですね（笑）。

越中　でもブッチャーやシークは電車移動で駅なんかに降りた時の威圧感がすごかったですよ。東京駅に着くと周りのお客さんが怖がって勝手に避けちゃう。テレビでのプロレスの視聴率もすごかったから誰でも知っていたし、ターバンを巻いたあんなデカい外国人なんてその当時の日本人はそんなに生で見た経験がないですからね。

――今みたいにどこに行っても普通に外国人観光客を見かける時代じゃないですよね。

越中 ブッチャーはずっとあとの来日で会ったときにも当時のことをすごく懐かしがってくれて、「アトランタでレストランをやってるから、めし食いに来いよ！」って言ってもらって、うれしかったですね。

――いち若手選手を覚えてくれてるのはうれしいですね。

越中 あとチャボ・ゲレロが若手の頃、なんとかこいつにも名前を覚えてもらいたいなと思って、当時彼が得意技だったヒップアタックをやったらボコボコにされたんですよ。

――今や越中さんの代名詞のヒップアタック、最初はチャボ・ゲレロを挑発するための掟破りだったんですね。

越中 そうなんです。そんな彼も去年亡くなりましたけど、先日、服部さん（タイガー服部）と会ったときに「亡くなる前に会ったよ」とニタッと笑ってね。「ユーのこと気にしてたよ」って教えてもらったのもうれしかったですね。

侍

メキシコでは三沢がいてくれたから生き延びられた

――海外といえば、越中さんは全日で若手時代を過ごしたあと、メキシコへ武者修行に行きますよね。メキシコでのめしの思い出というと？

越中　いや〜、もう悲惨でしたね。当時はコンビニもないわ携帯はないわ、それに国自体がアメリカといい関係じゃなかったからスーパーマーケットに行ってもモノがぜんぜんなかったんですよ。スーパーでミネラルウォーターを買おうとしてもキャップがもう開いていたりして（笑）。だから水は一度沸騰させてから飲むようにしてました。

――買い物の時点から気が抜けないですね。

越中　赤痢とか高熱のせいで、馬場さんに言われて100キロまで増やしていた体重が85キロくらいまで落ちちゃいましたからね。

――実際に現地では何を食べてたんですか？

越中　なんか牛の脂がギトギトのものか、ひたすら辛いものかしか食べ物がないみたいな感じでしたね。タコスみたいなものなんですけど、それも口に合わなくって。それからしばらくしてメキシコに行ったら、料理がすごいおいしくなってましたけどね。僕が行った当時はひどかった！

――時代でいえば80年代前半ですね。

越中　その頃は政治も不安定で、食べられるのは許可も何もないような怪しい屋台ばかり。灯りも暗いから、何を食っているかもわからない。「この味はなんだ？」って思いながら食べてましたね。水分はコーラとかスプライトとかくらい。

――メキシコでは三沢さんと一緒だったんですよね。

越中　後輩でしたけど、海外だと一緒に力を合わせてやってくしかないから先輩も後輩もなかったですね。でも三沢がいてくれたから生き延びられましたよ。日本では前座っていうか1～2試合目ばっかりだったんですよね。メキシコに行く直前で真ん中くらい。それがメキシコに行ってみて何がすごかったって、僕と三沢で毎日メインイベントですよ。

――日本ではまだまだ若手のふたりが。

越中　しかもメキシコシティにアレナメヒコってデカい会場があるんですけど、もう週末とかになると2万人の前で試合するんです。

――それはふたりの試合が現地のレスラーに比べてもレベルが高かったからですか？

越中　そうですね。だって控え室があるじゃないですか。僕らが待機していると、スーパーの店員みたいなのやおまわりさんとかが控え室に入ってくるんですよ。「なんだこいつら？」って見てたら、彼らが覆面をかぶって試合しているんです（笑）。

——みんな兼業レスラーなんですね。そういう相手だと専業レスラーは負けてられないですしね。

越中　ただ試合数が日本とは全然違いましたね。1年間ずーっと試合の予定を入れられているんですよ。金・土・日は首都のメキシコシティなんですけど、あとは田舎で試合をしてました。オフィスに行くとスケジュールが貼ってあって、それを見てバスで行くか電車で行くか飛行機で行くか自分で決めろっていう。

——交通費も自腹は当たり前。

越中　アカプルコで試合だったりすると、飛行機だと1万円、バスだと1500円。どっちを選んでも自由。しかも給料もお客さんの数によっての歩合制だから交通費に片道800円かけて会場まで行って、試合して1500円のギャラなんてこともあってね。こりゃ（往復だと）赤字だな～って思いながら帰ったりして。気持ちの面でもずいぶんタフにはなりましたね。

——今の海外遠征でもそこまでヤバい場所はなかなかなさそうです。

越中　治安も今に比べたら悪かったしね。アレナメヒコあたりだと現地の日本人も応援してくれるんですけど、同じメキシコシティでもアレナコリセオって会場だと誰も来てくれない。なんでかな？　と思ってたら、外務省が「治安が悪すぎるから日本人は入ってはいけません」って警告してるようなところだったんですよね。「車から降りたら走って会場に入ってくれ！」って注意されてましたから。ただ観客の熱気は他よりもすごい。

——そんなところでも試合があるほどメキシコではプロレスは大人気なんですね。

越中　メキシコシティで土日だと10カ所くらいでやってましたからね。僕らは掛け持ちして試合に出ていました。メキシコの娯楽といえばプロレスと映画とサーカス。サッカーも人気だけどシーズンが決まってるからね。プロレスが一番ですよ。

伝説の新日本対UWF「熊本旅館崩壊事件」

過酷なメキシコでの生活を経て新日本プロレスへと電撃参戦を決めた越中選手。折しも参戦してきたUWFとの戦いの中で脚光を浴びることに。そしてプロレス通なら誰もが知っている伝説の「夜の新日本プロレス対UWF事件」も、越中選手は間近で見ていました。

越中　その頃は新日本と全日本もいい関係じゃなかったので、最初はフリーみたいな感じで。間に坂口さん（坂口征二）が入ってくれて。ごはんにもよく連れて行ってくれましたね。

――ポジション的にも中堅って感じで、全日本の時の若手の苦労もなく。

越中　自由ですよね。自分が食べたいものは自分でチョイスできましたから。坂口さんが誘ってくれたときも、こっちに予定があれば融通をきかせてくれたし。

――断れるんですか！　さすが人間ができてますね、坂口さん。

越中　昔は先輩からの誘いはとても断れませんでしたからね。新日本プロレス時代でめしの思い出っていうと、熊本の旅館の……。

――はいはい！　古舘伊知郎さんがテレビ番組の『すべらない話』のネタで話していたやつですね。

越中　そうそう。一度外に出たUWFの連中が新日本に戻ってきて、なにしろ関係がギクシャクしてるっていうんで、熊本の旅館でみんなで懇親会みたいなのをやろうってことになったんですよね。結局みんなベロベロに酔っ払っちゃって大げんかになっちゃって、旅館を1軒壊しちゃったって話なんですけど。

――リアル一軒家プロレス！　髙田延彦選手や前田日明選手、武藤敬司選手らが全裸で大暴れしたとか、いろいろなエピソードが過去に出てますけども。

越中　……ひどかったですねえ（溜め息）。押せば開くドアを引いてブッ壊す、部屋にあった三面鏡は飛んでくる、トイレのパイプが折れて水が吹き出してる、そして旅館の仲居さんたちは泣いている（苦笑）。

――越中選手はそのとき何をされていたんですか？

越中　そりゃ僕はもう止める側ですよ！　7階か8階に行ったら藤原さん（藤原喜明）とドン荒川さんがけんかしてるんですよ。「根性があったらここから飛び降りろ！」って言い合ってて「いやいや飛び降りたら死んじゃうから」って、若いやつを呼んでふたりを止めて。

――修羅場ですね。

越中　宴会場で後藤達俊が凶器を片手に「猪木どこいった！」って大声を出してて。その時、猪木さんと坂口さんは端っこでちょびちょび飲んでたんですね。それで猪木さんが「俺はここにいるぞ！」って言ったら、後藤が急に冷静になって「あ、どうも！　お疲れ様です！」って返事して、「てめぇ酔っ払ってねえじゃねえか！」って怒られたりとか……ひどかったですねえ。

――他に止める側の人はいなかったんですか？

越中　あと藤波さんもいたんですけど、その日はレスラーだけじゃなくてリング屋さんも来ていて。そのリング屋さんがどうなってるか見にいこうって部屋に行ったら大酒を飲んで吐いて倒れてたんで、藤波さんが掃除してましたね、リング屋さんの部屋を。

ベースボール
'86 IWGP
プロレスを応援して

――ドラゴン、掃除してる場合じゃないですよ！

越中　普段から暴れてる人たちが、もうこういう機会だと今日は何してもいいぞ！　ってなっちゃったんですよね。「お前ら、もう帰れ！」ってタクシーを呼んだんですけど、そのタクシーも下半身裸の髙田と武藤が殴り合ってるの見て逃げてっちゃった。それで「もう1回呼べ！」って。

――そんな光景を見たら、タクシーだって普通は逃げますよ！

越中　旅館に最初に入ったときは中居さんが出てきて「どうも今日は泊まっていただいてありがとうございます」って感じだったのが、帰る頃にはもうみなさん泣いてましたね……それで後に請求書が届くわけです。350万か400万円くらいはあったかな？　坂口さんはそれ見て「お、意外と安かったな」って笑ってましたね。

「維震軍はこんな場所なのか！」

本隊の最前線で戦い続けた越中選手ですが、小林邦昭選手と共闘し『反選手会同盟』を結成。その後のメンバー増にともない『平成維震軍』と改名、一大ムーブメントを巻き起こします。

――それから本隊と敵対して、『反選手会同盟』『平成維震軍』と自らチームを引っ張る側になります。そういう立場だと、本隊とは移動とかも別になるんですか。

越中 そうですね。本隊と外国人選手、それに僕らと、その頃は3つのバスで移動していました。ただ、本隊も外国人もいいホテルに泊まっているんですよ。すごく記憶にあるのは札幌の大会。他は会場近くのいいホテルなんですけど、僕らだけ札幌競馬場の近くとかで。市内にラーメン食いに行くのもタクシーで2000円くらいかかる辺ぴな場所のホテルを割り当てられて……。

――明らかに待遇が違う。

越中 雪まつりの日かなんかで予約が大変だったのはわかるけど、維震軍はこんな場所なのか！ っていうんで、試合でカマしてやろうみたいな気にはなりますよね。ハングリー精神というか。小林さん（小林邦昭）なんかは新日の営業に本気で食ってかかってましたからね。

――営業に立ち向かうのが小林さんってあたりがリアルです！ ちなみに維震軍は皆でめし食いに行ったりはしなかったんですか？

越中 いやいやいや、みんな別です。控室もホテルも移動も一緒じゃないですか。帰ってきたときくらいは自由にしないと。そうしないと息が詰まっちゃいますから。

――自分がされてきたことは後輩に繰り返さない。

越中　やっぱり全日本時代の嫌な記憶が……（笑）。まあ、酒の付き合いもレスラーにとって必要なことだよって思うんですけど、若い時に一生分飲んじゃったから、あとは楽しめる酒だけでいいやって。下の選手を連れて行ったりはしなかったですね。

――完全に理想の上司ですよ、越中さん。

越中　ただ、そういうお誘いが来ることもあるわけです。そんなときは彰俊（齋藤彰俊）と小原（小原道由）に行ってもらって。あのふたりは、酒は飲むしめしもすごい食うから、呼んだ方も喜ぶんですよ。だから毎日お声が掛かってましたね。一所懸命に練習して、試合して、酒飲んでみたいな日々でした。ふたりとも朝会うたびに酒臭くてね。どんだけ飲んできたんだっていう（笑）。

――いい分業ですね、平成維震軍の働き方改革って感じで（笑）。

見た目の荒々しさとは一転、その内は越中選手という理解あるトップに恵まれた集団だった平成維震軍。だからこそ現在もプロレスファンに愛される個性派集団であり続けることができたのでしょう。ただ、レスラーたちで飲む時について、こんなことを越中選手は話してくれました。

越中　長州さんや天龍さん、藤波さん、ジャンボさんなんかと食事に行ったことがありますけど、共通してるのがそういう席で一度もプロレスの話をしたことないんですよ。世間話ばっかりしてる。だから僕も後輩には「そういうところでプロレスの話をして直接聞いたりするんじゃなくて、プロの世界だから自分で感じたものを吸収しろ、それがアマチュアとの違いなんだよ！」って教えていますね。自分はそういう形で教えてもらったと思っているんで、後輩にはそういう形で伝えたいなと。「越中さん、俺もヒップアタックやりたいです！」とか言われても「知るか、おまえが考えろ！」ってね。

現在も現役のレスラーとして「やってやるって！」節をリングで見せつける越中選手。数々の苦労を乗り越えてきただけあって、人の良さの中にも厳しさも垣間見える、まさに古き良き時代の〝サムライ・レスラー〟なのです。

長与千種

レスラーめし

VOL.7

食べるほどに口が麻痺する「タバスコめし」

PROFILE

長与千種

ながよ・ちぐさ＝1964年 長崎県生まれ。全日本女子プロレスに入団後の1980年8月8日、大森ゆかり戦でデビュー。1984年にライオネス飛鳥とのタッグチーム『クラッシュギャルズ』を結成、男子プロレスのエッセンスを取り入れたファイトスタイルや、極悪同盟との抗争で女性ファンの人気を博し、ビューティ・ペア以来の大ブームを起こす。1989年に引退するものの、1993年に復帰、デビル雅美やダイナマイト関西との死闘を繰り広げる。1995年にはGAEA JAPANを設立。新人選手を育成・指導した。2014年に新団体『Marvelous』の設立を発表、指導者の立場で女子プロレス界を支えながら、同郷の大仁田厚とコンビを組み、男女混合電流爆破デスマッチに出場するなど精力的に活動している。

2018年11月19日、「プロレスラーって格好いい！」と誰もが喝采を送るニュースが新聞やネット記事で広く報じられました。札幌市で妻に暴行を加えていた男を、ある元・女子プロレスラーが注意。止めようとして男に暴行を加えられたものの、自分からは一切手を出さなかったというのです。

そのレスラーの名前は長与千種。事件後の取材には「プロレス団体はたくさんあるんです。ちょっとでも手を出してしまうと、（所属している）若い子の人生もダメにしてしまうので」と答えました。

現役時代から女子プロレスの未来を作り、そして今も作り続けている彼女ならではの行動でした。

1984年にライオネス飛鳥さんと『クラッシュギャルズ』を結成した長与さん。それまでの女子の試合では見られなかった男子レスラー的な技を取り入れ、ダンプ松本さんとの抗争は日本中の女子を熱狂させました。

さらに『炎の聖書《バイブル》』など歌も大ヒットして歌番組やドラマにも多数出演と、当時の彼女たちの人気はまさにアイドル顔負け。一度はプロレスを引退するも復帰、その後『GAEA JAPAN』を設立して里村明衣子をはじめとした名選手を生み出し、指導者としての腕も確かであることを証明しました。

WOMEN'S PR

2014年には女子プロレス団体・マーベラスを旗揚げし、新たな女子プロレスの時代を築き上げるべく団体代表そして指導者として選手たちを育てています。

「梅干し」を持っているだけで寮のシンデレラ

長与さんが最初に入った全日本女子プロレス。ブル中野さんも語っているように、若手時代の全女の食生活の酷さは衝撃的でした。長与さんは中野さんより3年ほど早い入団。その頃の全女の生活は?

――ブル中野さんによると寮住まいの練習生には米しか与えられなかったという話ですが、長与さんの時代はどうだったんですか?

長与　私たちの頃も寮生は米だけですね。全女はどれだけお金が儲かっても、そこだけは変わらなかったです(笑)。新人も多かったし、「お前の代わりはいくらでもいるから」って扱いなんですよね。だからお米をどうおかず風にアレンジするか、いつもすごい考えてましたね。味を変えたり、つぶしてお餅風にしたりして。でも別にもち米じゃないんですよ(笑)。

――では「お金もないし、おかずもない」のは長与さんの頃から変わらない？

長与 もっとひどかったんじゃないですか？　私が全女に入った頃は会社が倒産するのしないのって話がしょっちゅう出ていて、何回も目黒不動前にあった会社の荷物を片付けさせられてましたからね。「事務所が移るらしいよ」って話が出ては荷物をまとめて、話がなくなって荷物を解いて……みたいな。会社はギリギリっていうか、お金を借りまくっていたようでしたから。

――練習生として入ってみたら、いきなりそんな状況で。

長与 でも全女って、ギリギリで経営を立て直すんですよね。そのパワーはすごかったです。そんな環境だから「米しかなくても仕方ないな」って感じでしたね。ただ関東近郊から来ている寮生は、日曜日になると家に帰ることができるんですよ。そこで家めしを食べられるわけです。なおかつ缶詰とかいろんなものをもらって寮に戻ってくるわけですけど、私たち地方組はもう手ぐすね引いて待ってますよね。

――おこぼれに預かろうと。

長与 そうですそうです！　練習すると甘いものが欲しくなりますけど、しょっぱいものも欲しくなるわけです。だから梅干しとかを持って帰ってきた子はまさにシンデレラ！

――梅干しだけでそんなレベルに！

長与　もう、寮の中のシンデレラです。「その一粒をどうかいただけないか……」って。だから梅干しにまつわるトラウマみたいなのがありますよね。そのあと、紀州南高梅を食べたときは「こんなおいしい梅干しがあったんだ!?」って冗談抜きに驚きましたからね。ひとつずつ袋に入れて売ってるんですけど、それを買えるまできた自分って出世したな……って（笑）。

マヨネーズすら買えなかった若手時代

そんなギリギリの経営状態の全女も、クラッシュギャルズの大成功で長与さんが復活させることになります。しかし、そこに至るまでの若手時代の食生活はとにかく悲惨でした。

長与　あと練習生の頃の思い出っていうとタバスコごはん。

――それって名前通り、タバスコを混ぜたごはんですか？

長与　そうです。寮の台所に一応調味料はあるんですけど、それを使うおかずがないわけです。ごはんを炒めるんだけど、そこに入れる具すら買えない。それでタバスコを突っ込んでみようと思ったんですね、赤い色がついたらケチャップみたいな感覚になって、ちょっとうれしいじゃないですか（笑）。

——まあ、たしかに色は……。でも味は？

長与　作っているうちに異臭がしてくるんですよね（笑）。辛さの異臭が。でもそれを食べているとだんだん口の中が麻痺してきて、どんどん食べられるんですよ。それさえもおいしかったです。

——とりあえず「味がついている」というだけで。

長与　ダンプさん（ダンプ松本）がまだ本名で試合してた頃にも作ったりしてましたね。ウチの同期の間ではタバスコごはんは有名ですよ！

——ブル中野さんは紅しょうがごはんって言ってましたから、各世代にあるんでしょうね、そういうのが。

長与　あと、ぜいたくする時はマヨネーズごはんを食べてました。

——マヨネーズは調味料になかったんですね。

長与　そうなんです。買わないとダメ。でも本当にお金がなくって。それで近所に酒屋さんがあったんですけど、その当時コーラの1リットルの瓶を返すと40円がもらえたんですよ。それでケースごと××ったことがあって……。

——時効ですけど、完全にダメな話です！

長与　瓶が並んだケースが外にいっぱいあって……わかります？

――わかるけど、やっちゃダメですよ！

長与　夜中にケースごとガチャガチャガチャ！　って持っていって。それで自分たちもバカだから翌日とか翌々日に瓶を持っていくんですよ（笑）。でも酒屋のおばちゃんは黙ってニコニコしてお金をくれるんです。ぜんぶおばちゃんにはバレバレだったと思うんですよ。それで「頑張るんだよー」って言ってくれて。

――ありがたさしかないですね……。

長与　そのお金でマヨネーズのでかいのが買えるんです。ごはんにマヨネーズをガーッとかけて、もうパーティーですよ。「こんなパーティーなことないよ！」って食べてました。あと卵なんかも買ってね。もうセレブな感じですよ、気持ちだけは。

ウサギ以下の食生活

――卵とマヨネーズが最高のぜいたくとは！　ちなみにブル中野さんの練習生時代の給料は月に5万円で、そこから寮費の5000円を抜かれて4万5000円でした。長与さんの頃は？

長与　自分たちの頃も同じで、寮費を抜いて4万5000円をもらう約束だったんですけど、その頃は本当に団体の景気が良くなかったので、その額すらもちゃんと出たことはほとんどなかったです。最初は1万円で、その後も2万円だったり3万円だったり。入団を決めたのは『月刊平凡』か『明星』のレスラー募集に「給料10万円！」て書いてあったからなんですけどね（笑）。だから「女子プロレスラーになったら月給10万円なんだ」って思ってましたね。

——実際には最初は1万円なんですね……。

長与　目黒駅の権之助坂に『銭形寿司』ってお店があってね。そこで初めて握りの寿司を食べたんですよ。まだ給料が1万円のときに。わけわからない専門用語使ってるし、おいしいしで「寿司すげえ！」って思ったんですけど、その時8000円くらい食べちゃったんですね。一貫いくら、とかわからなかったから。それで代金を支払って、親に5000円札を仕送りしましたね。それでまたひもじい思いして……それが最初に稼いだ1万円の思い出です（笑）。

——実際、デビューしてからは10万円もらえたんですか？

長与　（首を大きく横に振って）全然です！　選手になると1試合いくら、みたいに給料をもらえるようになって、普通のカードが6000円、メインのカードに入ると8000

円なんですけど、選手が多かった時代なので、そもそも試合に出られないんですよ。第1試合にすら入れないとひもじい思いが続くんです。そうなると目黒不動前の商店街で「はぎれ」って言うんですかね、キャベツの端とかをいっぱいもらってくるんです。

――こう言っちゃなんですけど、ウサギの餌みたいな……。

長与　ウサギの餌の方が全然いいですよ！　あの街で生きていく術を覚えましたね。知恵をフル回転して、どうやって生きていくか考えてました。

――ほとんどサバイバル術の世界ですね（笑）。

ボコられてもいいから食べちゃおう！

なけなしのお金で買った、マヨネーズを盛りつけたごはんがごちそうだったという練習生生活。しかし先輩選手との交流していく中で、長与さんに人間らしい食事ができる日常が訪れます。ごはんを食べさせてくれたのは、あの伝説の女子プロレスラーでした。

――お話を伺うと、あらためて壮絶というか、肉なんかを食べられる環境じゃなかったんですね。

長与　ないです（キッパリ）！　ケンタッキーフライドチキンのお店に行けただけで本当に幸せでしたから。とんかつ屋さんとか入団して何年目で行けたかな……そうだ、人のお金で行かせていただいたんですよね。

――というと？

長与　寮から出てやっとひとり暮らしをするようになったんですけど、試合に出られないからとにかくお金がないんですよ。２万円くらいの家賃すら払えなくって、６カ月くらい滞納しちゃって。それを知ったデビルさん（デビル雅美）がお金をぽーんと出してくれて。「みっともないことしてんじゃねえ！　家賃払ってこい！」って。

――カッコイイですねえ。

長与　「先輩になったらすげえんだ」って思わされましたね。それで何万円も持って家賃を払いに行って、そのお釣りが出たんですよ。それで不動前に戻ってきたら、たまたまとんかつ屋さんの前にきて……その匂いが、またいいんですよね。お腹も空いてるし、もうボコられてもいいから食べちゃおうっていうんで、そのお店に入ってとんかつを食べちゃったんです。

――ビール瓶の話に続いて悪い話が！

長与　帰って正直に言ったら褒めてくれましたけどね。

——デビルさん、いい先輩ですねえ。

長与　そのあと、デビルさんの家に転がり込んで住ませてもらうことになるんですよ。そこで食べさせてくれるのが肉ですよ、肉。豚のしょうが焼きとか、いろんな肉。「肉ってこんな味するんだ！」って本当に思いましたね。

——『週刊プロレス』の選手名鑑で、長与さんの好きな食べ物を見たら「肉」ってひと文字が書いてあったんですが、その執着がその頃にできたのがよくわかりますね（笑）。では、食事に関してはデビルさんにお世話になりまくったと。

長与　デビルさんは本当に言葉遣いとかにも厳しいけど、ちゃんと守るとすごくかわいがってくれるし、ぜいたくまではさせないまでもごはんは食べさせてくれるっていう。〝男気〟じゃないけど〝女気〟みたいなのがありましたね。ごはんも作ってくれましたし。冷蔵庫にあるもの全部好きに使っていいよって言ってくれて、でもこっちは貧乏性なんで卵かけごはんとかマヨネーズごはんしか食べられなくて。だけど本当にごはんが食べられるだけでうれしかった。

——やっとごはんに苦労しない生活が訪れたんですね。

長与　それにデビルさんの家って、当時はまだ珍しかったビデオデッキ、しかもリモコンつきのがありましたからね。そのビデオデッキでみんなで壊れるくらいまでプロレスの試合を見まくって……あと各部屋に冷暖房があって、「偉くなったらこうなれる」ってのがすべて揃ってた。そのうち自分も全女のトップを張るところまでいったんですけど、若い子にはぜいたくはさせないまでもごはんだけは食べさせようってのはデビルさんから学びました。

弁当を食べている時だけリラックスできたクラッシュギャルズ時代

全女入団から4年目、長与さんはライオネス飛鳥さんとクラッシュギャルズを結成。プロレス界のみならず芸能界をも席巻する国民的レスラーになっていきます。

――クラッシュギャルズの結成で長与さんは一気に国民的スターになりました。ごはんもいいものを食べられるようになったんじゃないですか?

長与　そうですね。ただ、なんでも自由に食べられるようにはなったんですけど、仕事が増えた分、自由にできる時間がなくなって、そこでお弁当に目覚めるわけです。

――テレビ番組にも出まくってましたからね、音楽番組にドラマにと。お弁当が食事の中心になっていくのはわかる気がします。

長与　テレビ局にラジオ局、レコード会社、行く先々でお弁当が出てきて。そのうち「あそこのテレビ局の弁当はうまい」とかわかってくるようになって。

――思い出のお弁当ってありますか？

長与　『まい泉』のお弁当とかおいしかったですね。あとはなんだろう……うちは両親の実家が漁師だったんで、それまで魚を食べたいって思うことがなかったんですよ。

――子供の頃、あまりに日常的にありすぎて。

長与　でもお弁当で魚と肉を選べたりすると、魚を食べることが増えましたね。お弁当に入ってる魚って、ほぼほぼ骨が抜かれてるじゃないですか。

――だいたいシャケとかサバとかで、骨は少ないですよね。

長与　そうするとおいしく感じるんですよね。骨があると面倒くさい(笑)！　その頃は本当に弁当にはうるさくなりました。忙しくなって自分の時間がなくなってくると弁当を食べている時だけリラックスできたんですよ。だからお弁当のチョイスにはこだわりますよね。

――1日のわずかな安らぎの時間としての食事という。

長与　その頃から姉と一緒に暮らすようになって、ごはんも作ってもらうようになるんです。生意気なものでお弁当ばっかり食べてると、今度は家庭の味が恋しくなるんですよね。

姉の料理も田舎の味だから、それがごちそうに感じるようになるんです。それからはすっかり外に食べに行くことはなくなりましたね。巡業中とかに若い子や付き人を連れて行くとき以外は。

——当時の長与さんくらいのトップレスラーだと巡業先の後援者とおいしいごはんを食べに行ったりすることもあったと思うんですけど、思い出の料理ってありますか？

長与　それが自分は極端に人見知りなので、お食事会とかに呼ばれても箸をつけられないんですよ。食べることにも気を使ってしまうというか。今でもあんまり手をつけられないですね。もうそれがクセになっちゃって。気を使ってしまうクセ、あとシーンとなることが怖くて、ずっとしゃべってしまうクセですね。その後にひとりで食べるラーメンの方が思い出に残ってたりしてね（笑）。

——当時の全女といえば〝三禁〟（飲酒禁止・タバコ禁止・恋愛禁止）が有名ですけど、お酒は飲まれるんですか？

長与　私、お酒が飲めないんです。飲まされたことはあるんですけど、体質的に受けつけないみたいで飲むと頭がガンガン痛くなって。体に合わないってわかったのはけっこう歳がいってからで。血液検査で腕にアルコール綿を塗られたときに肌が真っ赤になって「お酒飲めないでしょ？」って言われて初めてわかったんですよ。

――三禁に関係なくアルコールは飲めなかったんですね。あとのふたつに関しては本題に関係ないのであえてここでは聞きませんけども（笑）。

長与　全女は三禁とかいってましたけど、そんなのみんな破るもんじゃないですか？　破っている人はいたと思います。私を始め（意味ありげに）。

GAEAで作った長与流ちゃんこ鍋

全日本女子プロレスで頂点をつかみ、引退した長与さん。しかし、「女子プロレスをやるために生まれた」とまで称賛された長与さんの才能を世間は再び求めました。タレントとして活動していく中で、新たに巻き起こった90年代女子プロレスブームの最中に復帰。そして自らの団体『ＧＡＥＡ　ＪＡＰＡＮ』を設立しました。

団体旗揚げ戦に出場した新人たちは、これまでの女子プロレス界を覆すほどのインパクトのある試合を見せて「驚異の新人」と呼ばれます。ＧＡＥＡは90年代後半以降の女子プロレス界をけん引する団体に成長するまでになりました。

――全女で選手として活躍した後、１９９５年からＧＡＥＡ　ＪＡＰＡＮで選手兼団体代表として活動されます。全女の時にできなかったことを、食事に関してもやろうと思われたんじゃないですか？

長与 そうですね。GAEAの時はまずぜいたくはさせないまでも食べられるように、それに全女の頃は「レスラーとしての身体を作る」ということをやらせてもらえなかったし、そのすべもわからなかったんですよね。でもGAEAの頃はいろんなものを調べて取り入れることができるようになりました。だから食に関してはうるさかったですね。とにかく身体を大きくするために食べさせる。それも身体にいいものを、と。その頃からちゃんこ鍋ですね。

――男子団体っぽい感じですね。

長与 でも長与流のこだわりはあって、全女時代に巡業で日本全国いろんなところを回ったんですけど、すごく印象に残った食事が北海道の利尻にあったんです。民宿みたいなところしか泊まるところがなくて、そこにみんなで泊まったんですけど、お味噌汁があまりにおいしくて！

――素敵な偶然の出会いが。

長与 それで聞いたら、そこのおばあさんが「利尻の昆布を使ってて、日本一おいしいよ」って言うんですね。知名度は日高昆布の方があるんだけど。それでGAEAのちゃんこはこだわって利尻昆布を使ってました。それにいりこだしとかも入れて、肉も鶏、豚、牛いろんなものを使ってました。もちろん野菜も摂りますし。

——全女時代とはまったく逆で、選手の身体のための食指導を行っていたんですね。

長与 タンパク質もプロテインだけでなく、ちゃんとした食で摂らせるために養鶏場に卵を頼むようになりました。箱ごと注文して、それをゆで卵にして黄身は近所のひとにプレゼントするんです。選手には白身だけを軽くお醤油とか塩コショウだけで10個とか20個とか食べさせてましたね。良質な筋肉を育てるために。

——当時、男子団体だとパンクラスが肉体改造のための食事で話題になりましたが、GAEAもかなり徹底してたんですね。

長与 量を食べるのは胃に負担かけるじゃないですか。せめて材料だけは良いものをってのはありましたね。

「先輩の言うことは絶対」なんてクソ食らえ！

2005年4月にGAEA JAPANは解散、ほぼ同時期に全日本女子プロレスも解散し、女子プロレスは一度冬の時代を迎えることになります。しかしその後、それまでの

女子プロの歴史とは別の流れを持つ新団体が次々と誕生。女子プロレスの新時代が到来します。そんな潮流の中、長与さんも他選手の挑発に乗る形で再度リングに呼ばれることに。選手として試合にも復帰しながら、新団体『マーベラス』を誕生させます。

――長与さんは現在、マーベラスを率いているわけですが、今の選手の食事はどんな感じなんですか？　またＧＡＥＡの頃とは違う感じですか。

長与　今はその頃とは違って無理を言わないです。食べろ食べろとは言わない。なぜかというと、今はＧＡＥＡの頃と比べてさらに素晴らしい情報があって、自分の身体を作るために何が必要かわかるんですよね。食事を食べることとプロテインをうまく使い分けてるし、炭水化物の中でもお米は糖分を含むからどうこうとか、理屈が全部わかってますよね。魚や肉はこれくらいでって自分のバランスがわかってるんです。

――90年代からさらに身体を鍛えるメニューが精密になったんですね。

長与　卵も昔みたいに「白身を食べろ」とか言わなくなりましたね。今はそれに対応する素敵なプロテインがあるので、もう昔とは違います。

――じゃあ昔みたいにみんなで一緒にちゃんこを作って食べるって感じではない？

長与　そうですね。選手は寮で共同生活をしていて、みんなで作って食べることもありますけど、基本はお腹が空いたら自分で作るという。朝はヨーグルトを食べる選手もいれば100%ジュースを飲む選手もいて、昼間に食べて夜はカーボカットをやる選手もいますし。「一緒に食べなきゃダメ」だとか、そういうことは思わないですね。自分の身体は自分で動かすんだから。

——食のコントロールも自分でしろと。

長与　そういう食事の面を見てても、今の子たちはセルフプロデュースがうまいですよ。プロレスラーって自分の中にビジョンがないとダメなんで、どうあるべきか、どう強くなりたいのか、その先に映っている理想像にどう向かっていくか。

——それに加えて、経験に即したことを聞いてくれれば長与さんが教えてくれるわけですもんね。

長与　自分が教えられることも多いです。トレーニングマシンも自分の時代とは違いますから。昔みたいにとにかく筋肉を増やすみたいなのと違って、体幹運動だとか緻密な鍛え方をしてますよね。「すごいな～」と感心して見てますよ。

——自分より20歳も30歳も下の若手の行動や考えを素直に受け止められる長与さんもすごいです。

長与　自分がよく言ってるのは「絶対はない」っていうこと。「先輩の言うことは絶対とか、そういうのはクソくらえだから」って。自分はそういうのを破ってきた方なんで。今の子は昔に比べて弱いって言われがちですけど、五輪の主軸になってる若い選手とか、本当にすごいじゃないですか。昔は昔で良かった、今は今でいいんだよって。今の若い子を信じないで、何を信じるの？　って思いますね。否定から入ってしまうと伸びるものも伸びないので。

「どこかに大きな忘れ物をしている気がします」

今はマーベラスの選手たちと共にする時間が多い長与さん。話にもあった通り、全員一緒に食事をすることはあまりないが「選手たちがごはんを食べているのを見るのが好き」なのだという。

――今の時代を生きる子だからこその良さもありますか。

長与　自分は3つの団体を歩いて来ましたけど、2000年より前に生まれてる人たちは昭和初期の流れが残ってるんですよ。要するに、学校でも先生から叱られて、家に帰ってきてからも親から叱られる。そういう感じで、ずっと上から言われ続けてきたわけです。

でも2000年を過ぎた頃からは違ってきてるんですよね。手のひらにパソコンがあるような時代じゃないですか。人に聞かなくても自分で勉強ができる。

――過去のやり方にこだわるのではなく、今の子の可能性を今のやり方で伸ばす、と。

長与　スピリッツの部分は今も昔も変わってないんですよ。ただ、寮に入ってきて初めて料理を作るみたいな子も多いんです。それまでずっと親御さんが作ってくださってて。だから頑張って作ってみたけどまったく味がない料理が出てきたりして（笑）。あと今の子はごはんよりもプロテインみたいなところはありますよね。最近はプロテインもいろんな味があっておいしいじゃないですか。ここでも（寮を指差しながら）シェイカーをシャカシャカ振る音がずーっと聞こえてきますし（笑）。

――長与さんは食事中、どんなお話を？

長与　本当に気を許した人と食べるときはあまりしゃべらないです。気を使わずに、それをわかってくれてる人といるのが楽。高級なグルメとかより「あそこのパン屋さんがおいしいよ」って言って、普通に買ってきてくれたパンを食べたりするのが幸せですね。クラッシュギャルズ時代はあまりにも忙しくなりすぎて外の世界との接触もなかったし、いろいろなものを食べにいくこともあんまりなかったので、どこかに大きな忘れ物をしている気がしますね。時間があればまた違う楽しみ方もできたと思うんですけど。

——人気絶頂だった頃の食の思い出よりも、貧しかった時の食の思い出の方が強烈だったりするわけですしね。

長与 それを思うと、練習生の頃のごはんにマヨネーズとかタバスコとか、好きなものをかけて食べていたのが自分にとって最高のグルメだったかもしれないです。たった卵1個のために九州の醤油を送ってもらったことがあるんです。「この卵、濃くっておいしいんだよ～」って言いながら。あれは最高のグルメでしたね。

全女の練習生、クラッシュギャルズの絶頂期、GAEA JAPANの旗揚げ、そして今のマーベラスと、ここまで時代によって「食の光景」が違う人はベテランの男子レスラーでもなかなかいないでしょう。

その時代その時代でいろいろな刺激を受けながら、女子プロレスの未来を作り続けてきた長与千種さん。そんな彼女が今の時代の空気を受けて、これからどんなレスラーを生み出すのか。いまや名伯楽となった彼女の姿を見ていると期待の念しか浮かびません。

オカダ・カズチカ

レスラーめし

VOL.8

新日本に新時代を築いたレスラーと「吉野家の牛丼」

KING
NEW

写真提供:新日本プロレス
撮影:古溪一道

PROFILE

オカダ・カズチカ

おかだ・かずちか＝1987年 愛知県生まれ。15歳のときにウルティモ・ドラゴンが校長を務める闘龍門に13期生として入門。2004年にメキシコでのネグロ・ナバーロ戦でデビュー。2007年、闘龍門卒業と新日本プロレス入団をファンに報告。8月、後楽園ホールにおける内藤哲也戦でプレデビューを果たした。2012年1月4日、東京ドームで行なわれたYOSHI-HASHIとのダブル凱旋帰国マッチで完勝を収め、当時のIWGPヘビー級王者・棚橋弘至へ挑戦表明。同年2月、大方の予想を覆して棚橋を破って第57代IWGP王者となる。同年8月にはG1 CLIMAXに初出場、決勝でカール・アンダーソンを破り、最年少優勝記録を更新した。また翌年には中邑真輔との激闘を制し、2度目のG1制覇を果たす。現在までケニー・オメガ、鈴木みのる、内藤哲也らとの激闘を制しながら、華々しい戦績を残している。IWGPヘビー級王座連続防衛記録(V12)保持者。

数々のレジェンドたちのめしの話を聞いてきた「レスラーめし」。現在進行系のレジェンドといえばこの人をおいて語れません。新日本プロレスの「レインメーカー（＝カネの雨を降らせる男）」オカダ・カズチカ選手です。

中学卒業後にプロレス団体『闘龍門』に入門し、19歳で新日本プロレスに移籍。アメリカでの2年にわたる武者修行を経て凱旋すると、棚橋弘至選手からIWGPヘビー級王座を奪取、史上2番目の若さで戴冠し、その後も数々の名勝負を繰り広げてきました。

打点の高いドロップキック、そして必殺技〝レインメーカー〟で対戦相手を次々とマットに沈め、2012年からのわずか6年間において、プロレス大賞で3度の最優秀選手賞と5度の年間最高試合賞に輝いています。

一時の低迷からV字復活を遂げた新生・新日本プロレスの象徴であり、また現在の日本プロレス界を引っ張る存在であることに、誰も異論はないでしょう。

そんなオカダ選手、中学時代から身長は185センチの高さを誇り、さらに陸上100メートル走で高記録を出すなど、既にレインメーカーの片鱗を見せつけていました。

まずはその少年時代のめしの話から聞いてみましょう。

ヒョロヒョロだった学生時代

――オカダ選手が子供の頃に好きだった食べ物って、なんですか。

オカダ よく親に「何が食べたい？」って聞かれて答えてたのが冷やし中華だったんですよ。最近それを言われて、そうだったなって。季節問わず食べたかったですね（笑）。冷やし中華って、普通マヨネーズかけます？

――あ〜、普通はかけないですけど、自分が関西に住んでいた時にかけていた店があったから違和感はないですね。オカダ選手はかける派ですか。

オカダ そうですね。こっち来て「マヨネーズかけるな！」って言われて「え、冷やし中華ってマヨネーズをかけるもんじゃないの？」って驚いた覚えがあります。（※ちなみに冷やし中華にマヨネーズをかけるのは名古屋発祥のラーメンチェーン『スガキヤ』が始りだそうで、愛知県出身のオカダ選手がかけるのは納得）

――味が濃いものが好きなところはさすが名古屋圏のご出身って感じがしますね。冷やし中華は具も変わってたりするんですか？

オカダ ハムと卵、キュウリ、トマト、あと何だったかな……。あとメンマとかカニカマみたいなのとか、まあ普通ですね。冷やし中華は本当に好きで、海外に行ったときも冷やし中華のタレだけ送ってもらって、ラーメン4袋を麺だけゆがいて、肉とタレだけで食べてましたね。懐かしいなあ。

――4袋の冷やし中華！ 麺と肉だけとなると、もはや別の料理って感じですね（笑）。

オカダ その頃はとにかく体重をつけなきゃいけなかったんで、それくらい食べなきゃいけなかったんですよ。

――もともと子供の頃から食べる方でした？

オカダ あんまり食べない方だったんです。今でもそうですね。少食だと思います。

――中学卒業の時点で、身長が185センチあったんですよね。

オカダ 身長はそれぐらいあったんですけど、体重は65か66キロくらいですから、もうガリガリというかヒョロヒョロでした。

――身長が伸びた理由って、なにか思いつきます？

オカダ まったくわからないですね……。

――牛乳をすごく飲んでいたとか。

オカダ 牛乳はぜんぜん飲まなかったですね（笑）。家族でも（身体が）大きいのは僕だけですし、遺伝じゃないと思うんです。母親の言うことをよく聞いてたからかな（笑）。特にこれって理由はなかったと思います。

――好き嫌いはありました？

オカダ　トマトくらいかな……。でも、食べられないわけじゃないですよ！　ハンバーガーやサンドイッチに入ってるトマトは好きなんですけど、トマトだけ食べろって言われると、ちょっと。

――意外な弱点ですね！

オカダ　食べられないわけじゃないですから！　外道さんが玉ネギをぜんぜん食べられないのとは違いますから。

――アハハハ、外道選手は玉ネギ嫌い（笑）。

オカダ　試合後、ＣＨＡＯＳでごはんに行って注文するときも、外道さんのために料理から玉ネギを抜いてもらって、「すみませんね」って僕が謝るっていう流れが定番ですね（笑）。僕はトマトを食べられますからね！　大人なんで。外道さんは大人だけど、玉ネギだけは食べられない。いい大人なんだから、我慢してでも食べてほしいんですけどね（笑）。

面倒なのにうれしかった「ちゃんこ番」

――オカダ選手は中学を卒業して、まず闘龍門に入門されますが、当然最年少ですよね。

──新弟子生活はやっぱりちゃんこを作るところからですか？

オカダ そうです。それまで料理の経験なんて米を炊くくらいしかなかったんで、野菜を切ったり肉を切ったり、一から教えてもらいました。基本は鍋なんですけど、ちゃんこの味付けもそこで学びました。「こうやってダシを取るんだよ」とか。

──当時の得意鍋は？

オカダ 醤油ちゃんこです。今となってはどうやって作っていたか、まったく覚えていないんですけどね。最近は塩が多いです。あと当時作ってたのは味噌や塩、キムチに、味ぽんで食べたり。似ていますけど、新日本の方がメニューが多いような気がしますね。

──この人は料理がうまかったなって選手はいました？

オカダ あまりいなかったと思います。同期のしか食べてないし、そこで初めて料理するみたいな人ばっかりだったので、みんな似たような同じ味（笑）。

──ちなみに何人分ぐらい作っていたのですか。

オカダ どれくらいだろう……。一番多い時は先輩も合わせて30人分ぐらい作っていたんじゃないかな。ちゃんこ番の日は一日休みなんですよ。買い出しに行って、昼と夜の分のお米をひとりで炊いて野菜も切って味付けして、鍋の中身がなくなったらまた入れて、みたいな。

――ひとりで30人分は大変ですね。

オカダ　闘龍門時代は月曜から金曜が練習で、土日が休みだったんですけど、月～金の間にちゃんこ番があるとうれしいんですよ。

――そうなんですか？

オカダ　なぜなら、その日は練習しなくて済むから。とにかくその頃は練習がキツかった思い出ばっかりなんですよね。15歳で体重60キロだったから、僕はまず身体作りからだったんで。

――アマレスや格闘技の経験があるわけでもないですしね。

オカダ　そうなんです。最初の練習はふたつのメニューしかないんですよ。まず160段くらいの階段を15往復するんですね。それで帰ってきてトランプの練習ですね。トランプの札で赤が出たらスクワット、黒は腹筋といった具合に分けて、山から抜いたカードに書かれた数字の倍やるんです。カール・ゴッチさんの練習法ですね。

――終日それだけなのもキツイですね、精神的にも。

オカダ　そのメニューだけで1日が終わりましたね。普通はパパっと終わるようなメニューなんですけど、中学を卒業したてでスクワットなんてそんなにできるもんじゃないですから。その時のコーチはミラノさん（ミラノコレクションA．T．）で、散々しごかれました（笑）。しごかれたっていうか、僕は何もできていなかったんでなんとも言えなかったんですけどね。だからちゃんこ番になると1日練習しなくていいから本当にうれしかった。

――ちゃんこ番の日が救いの1日になったと。

オカダ　水曜日にあたるのがいちばんいいんですよ、その後2日練習したらまた休みが来るんで。つらいのが、休みの土日にちゃんこ番になることで、皆出かけてるのに道場でごはんの準備をしていなきゃいけない。あれは辛かったですね……。

メキシコではタコスがギャラの代わり

闘龍門へ入門後、神戸からメキシコに飛んだオカダ選手。ここからプロレスラーとしての日々がスタートします。国は違えど、日本同様に選手たちと寮で生活をしながらちゃんこを作る生活。何よりもレスラーとして試合ができることがうれしかったと言います。

オカダ　食事はそこでもちゃんこですね。お米も向こうの日本企業の方から頂いていましたし、野菜もけっこうありました。ただ野菜は近くにあまり売ってなかったんで、遠くのスーパーまで買いに行ってましたね。あとお肉も鍋用のお肉は当然ないので、お肉屋さんに行って薄く切ってもらって作ってました。

――越中詩郎選手のお話では、メキシコに遠征した頃はとにかく水とか食べ物が危なかったということだったんですが、さすがに今は大丈夫なんですかね。

オカダ　僕は1回、卵にあたりましたね（笑）。親子丼を作ったんですけど卵に火が通ってなかったみたいで。吐いて熱が出て、翌日も熱が下がらなくて。そのあとやっと落ち着いて。僕が日本に帰る頃には大きなスーパーで買った卵を生で食べている人もいたんですけど、やっぱり怖かったですね。「生で食べられるから」って言われても「いや、でもメキシコのでしょう？」みたいな（笑）。

――じゃあかなり食は安全になったんですかね、メキシコは。

オカダ　いやー、どうなんでしょうね？　タコスとかを屋台でよく食べてたんですけど、どんな油使ってんだ？　みたいな感じでしたから（笑）。でも味はおいしいんですよ。

――最近は日本でもタコスを食べられる店って珍しくないですけど、やっぱりメキシコのタコスはおいしいですか？

オカダ　全然違いますね。あまりに違いすぎて、日本でタコスを食べる気がしないくらい。セボジータって玉ネギみたいなのがおいしいんですよ。あっちにいるときは「夜は出歩く

VOL.8 オカダ・カズチカ

写真提供：新日本プロレス

なよ」って言われるんですけど、タコスをよく食べてましたね。試合のギャラがタコスってときもありましたけど（笑）。

——そんな漫画みたいな話、本当にあるんですね！

オカダ　試合が終わって「はいタコス食べてって！」って言われて、こっちも「グラシアス！」みたいな（笑）。当時はバスで12時間かけて田舎の試合会場に行ったりすることもありました。夜中のバスに乗って朝到着して、ちょっと休んでから試合して、終わったらすぐバスターミナルに行って12時間かけて帰るみたいな。今だったらそんなスケジュールだと「ふざけんな！」って感じですけど（笑）、あの頃は試合があるってだけでうれしくて、ギャラがタコスでも12時間移動でも平気でした。

——メキシコって公用語が英語ですらないし、10代で行くなんて普通は怖いと思うんですよ。そういう思いはなかったですか？

オカダ　まったくなかったですね。「プロレスラーになるんだ」っていうのしかなかったんで怖いとか考えなかったなあ……。とにかく「プロレスができる！」っていう喜びの方が怖さよりもずっと上でした。今になって考えると、よくあんなところに行ってたなって思います（笑）。

——それだけプロレスがしたくてしょうがなかったんですね。ちなみにメキシコで実際に怖い目に遭いました？

オカダ　危険な目は……なんですかね？　他の同期は「ピストルを突きつけられた」とか「ナイフで切りかかられた」とかあったりするんですけど、僕は犬に吠えられて追いかけられたくらいです（笑）。

――アハハ、たしかにメキシコの野良犬は怖そうですけど（笑）。

オカダ　行きたいスーパーの前に犬がいて、そこにどうしても行かなきゃいけないから避けていこうとしたら吠えられて……その時が一番早く走れたかもしれないです（笑）。

――オカダ史上最速はメキシコで記録していたかもしれない！

オカダ　かもしれない（笑）。アメリカにはその後もけっこう行ってるんですけど、メキシコってそれ以来行ってないんですよね。タコスを食べに行きたいですね、試合じゃなくてプライベートで行きたいです（笑）。

獣神サンダー・ライガーさん秘伝の「ちゃんこの素」

２００７年、闘竜門から新日本プロレスへの移籍を発表したオカダ選手。デビューから3年とすでにリング上での経験は積んでいましたが、若干19歳ということで新日本では再

びちゃんこ番からのスタートです。

オカダ　闘龍門の頃もよくちゃんこを作ってたんですけど、後輩が入ってきてからは作らなくてよくなったので、新日本に入ったときにはもう作り方を忘れてたんですよ。闘龍門も新日本も基本は鍋です。吉橋さん（YOSHI-HASHI）と内藤さん（内藤哲也）、あと平澤さん（平澤光秀）で作ってました。途中から吉橋さんとふたりきりになって、その頃のちゃんこ番は1日交代だから大変でしたね。

——ちゃんこ番と練習を交互に？

オカダ　闘龍門のときもちゃんこ番は大変でしたけど、新日本だとちゃんこ番イコール道場番なので忙しかったですね。先輩の服の洗濯もしなきゃいけないし、あと電話番もしなくちゃいけない。ちゃんこを作るだけじゃないんですよ。

——新日本のちゃんこ番の日の1日のスケジュールを教えてもらえますか？

オカダ　朝8時から掃除をしなきゃいけないんで、その前に起きて掃除を終えて、10時から合同練習ですね。ちゃんこ番の日は練習で飲むお茶を大量に作って、その後にちゃんこを作って、練習の終わった選手たちが次々とごはんを食べに来るので、その対応をします。合同練習だと当時は20人分。けっこうな量を作ってましたね。だいたい昼の12時から3時くらいに皆が食べるから、その間に洗濯したり、野菜や肉が減ってたら、また足したりするんです。

――それが新日本の昼ごはん。夜もちゃんこ番が作るんですか？

オカダ 夜は各自なんです。

――あ、ちゃんこを作るのはお昼だけなんですね。

オカダ そうなんです。僕はよく出前を取ってました。近くに『太平楽』って中華料理屋さんがあって、よくカツカレーとラーメンを持ってきてもらってましたね。今でも食べたくなるんですよ。たまに道場に行った時に電話して持ってきてもらうことがあるくらい（笑）。

――ちゃんこの味付けを教えてくれる人はいたんですか？

オカダ 新日本に入ってからは、料理に関してはライガーさん（獣神サンダー・ライガー）がいろいろ教えてくれたんですよ。「昔はこういうふうにやってたんだよ」って言って足してくれた材料が、すごくおいしかったりして。

――ちゃんこに獣神レシピが！

オカダ 普通のつゆの素とかだったと思うんですけど（笑）、味噌ちゃんことかでも、それをちょっと入れただけでまったく味が違うんですよね。「あれ、こんなに違うんだ」ってくらい。

――ちなみにオカダ選手の得意の鍋ってありました？

写真提供:新日本プロレス

オカダ　そうだなあ、豚肉の塩ちゃんこですかね？　いまだに誰かが家に来たらふるまったりしていますね。特に秘伝の調味料があるわけではないんですけど、黒コショウは効かせているかもしれないです。それにちょっとゴマ油を入れるとおいしいんですよ。あー、話してたら食べたくなってきました（笑）。

1日1万キロカロリーの食事を目指して

当時の新日本プロレスは、混迷の中から棚橋弘至、中邑真輔というのちのトップ選手ふたりが団体の中心として活躍を見せ始めた時期。２００８年に再デビューしたオカダ選手もＮＯＡＨとの団体対抗戦に抜擢されるなど、期待の若手として頭角を現し始めました。

さらに２０１０年にはアメリカへの無期限武者修行に旅立つことに。当時アメリカ第２の団体『ＴＮＡ（現インパクトレスリング）』に出場しながら、レインメーカーに変身を遂げるべくより本格的な身体作りを行います。

――アメリカではちゃんこ番から一転、２年間ひとり暮らしですね。当時はハンバーガーをよく食べていたという話ですが。

オカダ　アメリカではよく食べていましたね！　武者修行中、ホテルのすぐ下にウェンディーズがあって、そればっかり食べてました。他に行きたいところがあってもとにかく遠くて、車がないと行けなかったんで、選択肢がウェンディーズしかなかったんですよ。あとはカリフォルニアの『インアンドアウト』ってバーガーチェーンも好きでしたね。

――好きなメニューはありました？

オカダ　裏メニューがあるんですよ。普通が肉2枚の2×2なんですけど、僕は肉4枚の4×4とか頼んでましたね。あと「アニマルスタイル」っていうピクルスやソースがたっぷり入ってるやつとか。ただ、ハンバーガーを毎日食べていると日本人は普通飽きてくるんですよ。もっと普通にステーキを食べようよってみんな言いだすんですけど、僕は「いいじゃん、ハンバーガーで」って言ってたから本当に好きなんだと思います（笑）。今もレストランに行ったらまずハンバーガーに目がいっちゃいますからね。

――日本に帰ってきてもハンバーガーが大好き。

オカダ　昨日も病院に行って、その近くのモスバーガーに行きましたね。3日前にもクアアイナに……たまたまですけど（笑）。無意識レベルで好きなんだと思います。

――じゃあアメリカでの身体作りの材料はハンバーガー？

オカダ　いや、アパートを借りてスーパーに行くようになってからは、だいぶ食事も変わりましたね。身体を作るためにとにかく食べる量が多くなりました。

――身体を大きくするための武者修行ですからね。やっぱり肉メインですか？

オカダ なんでも食べました。その頃は1日1万キロカロリー摂ることを目指してたんで。

――1万キロカロリー！　どんな食事なんですか、それ。

オカダ 練習が終わったら、チョコレートジュースにバナナとプロテインを入れて、ミキサーにかけて飲んで、その後にインスタントラーメンを4袋食べて、みたいな感じですね。

――すごいですね……。とはいえ体重も増やさなきゃいけないし、筋肉もつけなきゃいけない。バランス良くっていうのも大変ですよね。

オカダ どれだけ食べても、しっかり練習しておけば無駄な肉は後から取れますから。体重が増えなきゃ筋肉も増えないので、やっぱり食べないと身体にはプラスにならないと思うんですよ。鍛えてれば筋肉はついてくるから大丈夫。プロテインだけで筋肉を作るわけでもないし、やっぱり食べるものからだと思います。

――やはり身体を作るのは食べ物だと。

オカダ 今、僕30歳なんですけど、以前から「30歳を過ぎたら年齢的に脂肪が落ちづらくなるぞ」と周りから散々言われてたんですよね。改めて一所懸命に練習やらないとなって（笑）。いいモデルチェンジしたいですからね。

――ちなみにアメリカ時代、仲のいい選手っていましたか？　一緒にごはん食べに行くような。

オカダ　アレックス・シェリーは仲良かったですね。よく家に泊まりに来てました。食事も一緒に行ったりしてました。また彼がすごいんですよ！　試合が終わって、次の日の朝6時ぐらいに飛行機に乗るとするじゃないですか。そしたら3時ぐらいに起きて、家に付いているジムに行ってウォーキングマシンで1時間くらい走って、帰ってきてシャワー浴びてから出かけていく。

――ストイックな選手なんですね。

オカダ　朝イチの飛行機だろうと、翌日オフだろうと、どんな日でも身体を鍛えてるんですよ。それぐらいストイック。食べ物もサラダにチキンだけとかで、あとは水ばっかり飲んでたりして。そんな人に「今からウェンディーズに行こうよ」なんて言いづらいですよ（笑）。

「いい肉はオカダに食べさせてやってください」

２年間の武者修行後、金髪にゴージャスなコスチューム姿、そして新技の数々を引っさげて〝レインメーカー〟として帰国したオカダ選手。２０１２年１月の東京ドームで凱旋

帰国試合を行い、その翌月には棚橋選手からIWGPヘビー級王座を奪取。扱いもそれ以前の若手の一員からトップ選手へ。中邑真輔や矢野通、外道選手らのユニット・CHAOSに加入し、巡業中もこのメンバーで活動をともにすることに。

――帰国してからは新弟子としての仕事も終わってひとり暮らしですか。

オカダ　そうですね。巡業中はCHAOSのメンバーと一緒に行動することが多いですけどね。もうおはようからおやすみまでずっと一緒なので、東京にいるときはまったく会いたいと思わないです（笑）。

――巡業中はどういうところで食べるのですか？

オカダ　かなりバラバラです。僕はけっこうYOSHI-HASHIさんとランチに行ったり、外国人選手を誘ってどこかに食べに行ったりが多いですね。外国人選手は、ほっとくと「コンビニでいいや」って感じの選手が多いんで。

――食にこだわりのある選手はいない？

オカダ　あんまり食にうるさい人っていないんですけど、石井さん（石井智宏）は料理も作るしこだわりもすごいですね。海外に行くときにも自前の醤油をちゃんと持って行きますから。で、醤油を忘れると「醤油忘れた～！」って本気で悔しがってます。

――石井選手が醤油を忘れてへこむ姿って想像つかないですね（笑）。

オカダ　あと居酒屋さんに行ったときも「醤油と七味ありますか」って店員さんに聞いて、自分だけの焼肉のタレを作って「うめぇ！」って楽しんでますね。

――朝は何を食べるのですか？

オカダ　巡業中は特に朝食は摂らないですね。それも選手によって違っていて、すごい量を食べる人もいれば、僕みたいに朝は寝ていたいって人もいる（笑）。身体作り的には朝も食べた方がいいので食べるときももちろんありますけど、巡業中はパーキングでお昼をとって試合後にまたしっかり食べるっていうのが多いかな。

――普段の食事で気をつけていることってありますか？

オカダ　あんまり……ないですね。ただ時期によって変わるんですよ。大きい試合の前は玄米とかそばとかの血糖値が上がらないものを選んで食べてます。やっぱりスタミナ面が変わってくるので。巡業とかビッグマッチが終わった後は、ハメを外すじゃないですけど、好きなものを食べますね。自分へのご褒美として甘いものとか、ラーメンとか。

――甘いものって何が好きなんですか？

オカダ　別に特別なものじゃなくて、普通にコンビニで売っているようなアイスとかチョコとかを食べちゃうんですよ。チョコパイが好きなんです（笑）。

――巡業先で地元の方々においしいものを食べさせてもらう機会も多いのではないですか？

オカダ　ありますね。地方で食べておいしかったもの……本当に多過ぎるんですよ。最近だと熊本で食べた馬刺しがおいしかったです。でも、どこに行ってもレスラーだからってすごい量の食事を出してもらえたりして、本当にありがたいんですけど今ってそんなレスラーだからってむちゃくちゃ食べる人はいないんですよね。

――お店の人は「レスラーだからたくさん食べるだろう！」と期待しますよね。

オカダ　前にＣＨＡＯＳのメンバーで鉄板焼き屋さんに行ったら、すごく高級ないいお肉を出していただいたんですよ。でも、いい肉って脂も多いじゃないですか。その頃は僕が一番若手だったから「いい肉はオカダに食べさせてやってください」って言って、メンバーが全部僕に回してくるんですよ（笑）。あれはけっこうキツかったですね……本当にいいお肉だったんですけど。

ビッグマッチ前に必ず食べる「牛丼大盛り」

レインメーカーとしての帰国後は、棚橋選手と新時代の〝名勝負数え歌〟を繰り広げ、新たなプロレス界の象徴としてさまざまなメディアにも登場。

決めぜりふである「特にありません」からもうかがえるように、常にどこか飄々としているようにも見えるオカダ選手。しかし帰国からの6年間にはさまざまなプレッシャーがあり、それを影で救ってくれたためしもありました。

――オカダ選手にとって、例えば試合前に食べるような「ゲンがいい食べ物」ってありますか？

オカダ　僕はタイトルマッチ前に牛丼を食べるんですよ。絶対に牛丼ですね。

――絶対になんですね。

オカダ　初めてタイトルに挑戦した2012年のときはすごい緊張してたんです。それでもう食欲もなくって、でもなにか食べなきゃだめだなと思って近くに牛丼屋さんがあったからとりあえず牛丼を食べたんですよ。それからは大事な試合があるたびに牛丼を食べるようにしてますね。

――その時がＩＷＧＰ初戴冠ですね。ちなみにお店は？

オカダ　吉野家です。近くになかったら会場に行く前にタクシーで行ったりしますから。このことは他のインタビューでも話したことがあるんですけど、一度「オカダさん、本当に来るんですね……」って店員さんに言われたことがあります（笑）。毎回大盛りで、紅しょうがや卵もかけないシンプルな牛丼です。

――では試合会場の周りに吉野家があるかどうかをチェックすると。

オカダ　近くに吉野家がどうしてもない場合は違う牛丼屋に入ったりしますけどね。さすがにロス大会のときは諦めましたけど。僕のルーティンのひとつなんで、けっこうドキドキしました。ビッグマッチのときって、他の細かいことは忘れたりするんですけど、牛丼の食べ忘れだけはないです（笑）。そこから試合に向けて気持ちを上げてくんです。

191センチの身体と抜群の運動神経から繰り出される技の数々、そして時に1時間を超えることすらあるハードな試合と、まさに常人を越えたレスラーの姿を見せ続けているオカダ・カズチカ選手。

その食生活で出てくるものは吉野家の牛丼やコンビニで買うアイスにチョコパイなど、意外なほど我々にもなじみ深いものばかりでした。

現在のプロレス界を支え続ける〝超人〟オカダがその鎧《よろい》を脱ぎ捨てて日常に戻れる瞬間。それがめしの時間なのかもしれません。

※このインタビュー原稿は2018年6月に行われた取材をもとに執筆しています。

藤原喜明

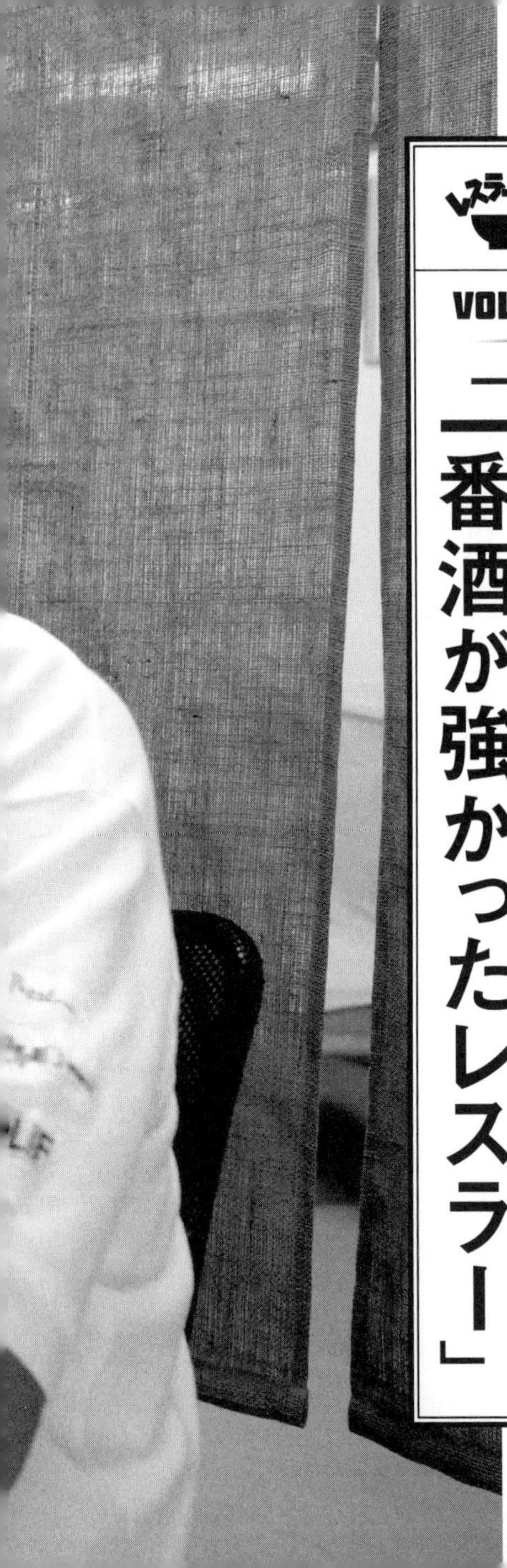

レスラーめし

VOL.9

組長が語る

「一番酒が強かったレスラー」

8.12.18

PROFILE

藤原喜明

ふじわら・よしあき＝1949年岩手県生まれ。1972年に新日本プロレス入門。同年に藤波辰巳を相手にデビューした。新人時代からカール・ゴッチに師事し、サブミッションレスリングに傾倒。そのテクニシャンぶりから「関節技の鬼」として知られるようになる。1984年札幌中島体育センター大会で長州力を襲撃、「テロリスト」として一躍脚光を浴びる。同年に第1次UWFに参加。その後の新日本復帰、第2次UWFへの参加を経て、1991年プロフェッショナルレスリング藤原組を設立。指導した若手も多く、藤原門下生はプロレス界に多数存在する。2007年、胃の噴門部付近に胃がんが見つかり、胃の2分の1を切除した。プロレスラーとしてだけでなく、俳優、声優、タレント、イラストレーター、陶芸家、エッセイストとして活躍している。

「関節技の鬼」「アントニオ猪木の用心棒」「テロリスト」、そして「組長」。なんとも物騒なあだ名ばかりなのに、誰からも愛されるプロレスラーといえば藤原喜明選手。お酒とダジャレが大好きというキャラクターで知られる一方、その強さと技術を学ぶため、多くの選手が藤原教室の門をくぐったことでも有名です。そのたたずまいからはプロレスや格闘技を超越した仙人のような風格すら感じます。

藤原選手は1972年に新日本プロレスに入団するとその強さを買われてアントニオ猪木の付き人兼ボディガードとして国内・海外の移動中は常に傍らにいる存在となります。リング上では1984年の新日本・札幌大会において長州力を花道で襲撃したことによりテロリストの異名で呼ばれ、一躍注目を浴びることになります。関節技を前面に出したファイトスタイルが注目され、その後UWF、新日本復帰、第二次UWFを経てプロフェッショナルレスリング藤原組を旗揚げしました。

新日本プロレスが生んだ「強さ」を象徴するレスラーのひとりであり、鈴木みのる、船木誠勝をはじめに育てた選手も多数。必殺技の脇固めは「フジワラ・アームバー」の名で今や世界的に知られるレジェンドです。

「レスラーなんて豚みたいなもんだよ!」

似顔絵、陶芸、盆栽など多趣味多芸なことでも知られる藤原選手。プロレス入り以前の職業はコックさん。白いコック帽にコックコートで調理する姿が想像できます。

藤原 新日本に入る前は、コックをやってたんだよ。21歳から23歳までかな。最初に入った所は喫茶店やマージャン屋が入ったビルで、従業員のまかないをやってた。これが一番面白かったね。いろんなもん作れるから。次が洋食店で、そのあとが横浜の中央卸売市場でマグロの解体もやってたね、冷凍のでっかいやつを。そこに行きながらジムに通ってたんだよ。

――プロレスの技術を学んでいたんですか?

藤原 金子武雄さんっていう元プロレスラーのジムに行ってたんだよ。途中からは金子さんの韓国料理店でも働いたりしたな。

――じゃあ今でも料理は作られていますか。

藤原 そうだね。まあ、好きなもんを作るだけだから得意料理はないんだけどな。キンピラゴボウとかかな。シイタケやコンニャクを入れてね。あとよく作るのは、ダイコンと豚バラの煮込みかな。

――なるほど。入団前からコックさんをやってらっしゃったのだったら、新日本プロレスに入ってからも組長が作るちゃんこは皆も楽しみにしてたんじゃないですか。

藤原　いやいや、鍋の作り方までは知らなかったからさ。でも料理ってのは基本さえ教われば似たようなもんだから。猪木さんも私の料理のファンでね、フフフ。

――どんな料理が猪木さんや選手たちに好評だったんでしょう？

藤原　猪木さんはわかめスープが好きでね。よく猪木さんからリクエストがあったね。ちゃんこってメインが肉ばっかりなんだよ。牛だとバター焼き、豚だと豚ちり、あと鶏のちゃんことかね。その後にどうしてもさっぱりしたもんが食べたくなるんだろうね。よく作ってたなあ。

――猪木さんはもちろんですが、その頃の新日本に道場にいらした選手というと？

藤原　栗栖正伸さん、荒川真さん（ドン荒川）、あと藤波辰爾さん（当時・藤波辰巳）、木戸修さん。しばらくして坂口（坂口征二）さんが来て、あとはキラー・カーンとか。でも料理がうまいやつはそんなにいなかったな。一番うまかったのは小林邦昭さんだね。いろいろな料理を作ったりして、好奇心が旺盛なんだよ。

――小林さんは、現在も新日本の合宿所で料理の腕をふるってらっしゃいますもんね。

藤原　今でも「ソップ炊きってどうやって作るんだっけ？」って電話して聞いたりしてるよ。すぐ作り方を教えてくれるんだよな。

――組長と虎ハンターが電話でレシピのやりとりをしてるのもすごいですね（笑）。ところで、若手の頃はとにかくめしを食わされたと思いますが。

藤原　もともとそんなに食う方じゃなかったんだよ。だけど無理してどんぶり7杯とか食べてたな。

――無理して7杯！　それに肉も食べるんですよね。

藤原　自然と食ってたよね。要するに豚と一緒なんだよ。

――豚と一緒？

藤原　知ってるかな？　豚って1頭だけで飼ってもあんまり太らないんだよ。だけど、いっぱいいると競争しちゃうらしいんだよな。5、6頭かそれ以上いると、餌の取り合いになって太るんだよ。

――周りにつられて食べちゃうと。プロレスラーも一緒というわけじゃないですけど（笑）。

藤原　レスラーなんて豚みたいなもんだよ！　ハハハッ。昔は今みたいにタンパク質がどうのこうのとか、ビタミンがどうのとかなかったからね。「とにかくいっぱい食え！　どんぶりめし10杯！」とか、そればっかりだよ。どんぶりめしばかり食って筋肉が増えるとは思えないけどな。それにしても今のプロテインだのサプリメントだのっては俺からすると考えられないね。

アントニオ猪木のボディガード時代

新日本プロレス旗揚げの年に入団し、創始者でありエースのアントニオ猪木さんの身近にいた藤原組長。当時のトップレスラーというと、今では考えられないほどのステータスの高さでした。しかも旗揚げからモハメド・アリ戦を始めとした格闘技路線で世間をにぎわせていた時代。そんな時代の猪木さんと最も近いところにいた組長ならではの食の体験とは？

――当時、猪木さんとサシでごはんを食べるってことはあったんですか？

藤原 ないね。最近になってからだな。だって当時はものすごい「雲の上の人」だったからな。年齢は6つ上なんだけど歳を取るにつれて失礼かもしれないけど、どんどん距離が縮まっていったみたいな感じはするね。

――新日本に入団してからは猪木さんのスパーリングパートナーであり、付き人でもあったわけですよね。

藤原　とりあえず危ないところに行くときは、俺がついていたんだよね。

――「危ないところ」というと？

藤原　だって、その頃の猪木さんは〝格闘家世界一〟っていうのを掲げていていたわけだから。それに対して「そうはいくかい」って思っている奴が当時はいっぱいいたんだよ。当然だよね。だから挑戦者が出てきそうなところとか、弾が飛んできそうなところとか……。

――弾が飛んできそうなところ⁉　実質的なボディガードですね。

藤原　猪木さんに何かあったら大変なことだし、それこそ死ぬ気でいったからね。基本的に弱い奴は来ないわけだから。

――……実際に戦うということも？

藤原　それはまあ……な（ゴニョゴニョと）。だけど、そいつらと戦って無事に帰しちゃうと、時間がたってから「あの勝負、やっぱり五分五分だったよな」って思われちゃうんだよな。それで、もうちょっとたつと「いや、あの勝負は俺の方が勝ってた」、10年たったら「あれは俺の勝ちだった！」なんて周りに言いふらすようになるからな。だから、そういう連中はクチャクチャにやっておかないとな……（意味ありげに）。っておい、これはあくまでも例え話だからな！

――もう二度とあの人たちとは戦おうとは思わないくらいにってことですね……食べ物の話に戻りましょう！

藤原 そうだな、今こういう話はなにかと面倒だからな（笑）。

――猪木さんの付き人として身近なところにいたということは、全国のスポンサーと一緒においしいものをいろいろと食べられたのでは？

藤原 あったねえ。当時は全国にスポンサーがいっぱいいて、くっついていってさ。肉とか魚とか、みんなすごかったよ。最高級のものを出してくるからな。だからいろいろなごちそうが食べられるけど、気ぃ使うからな。「おいしい」とか味わってられないわな。

――猪木さんも一緒だし、あまり味わって食べるような余裕はないでしょうね。

藤原 もともとそんなに食道楽じゃなかったんだよ。岩手の田舎で育っているから、家で「これまずい」なんていうと、「マズイと思ったら食うな！」って言われて育ったからさ。何を食べても「ありがたく頂く」って感じなんだよ。

――周りもスポンサーばかりの食事で、緊張もあるでしょうしね。

藤原 そういう場での任務もあってさ。猪木さんをじーっと見てて、「これは帰りたがってるな」と思ったら「猪木さん、10時にアメリカから電話が入るんですが」って言うんだよ。今だったら携帯でかけられるけど当時は大変だったんだよ、国際電話って。

――なるほど、途中で宴会から抜ける理由としては十分だったんですね。

藤原　そうすると「そうか？　じゃあ帰ろうか」なんて言って帰るんだけど、たまには「うるせえ！」って言われたりして、「なんだ、まだ飲みたいんだ」っていうときもあったね（笑）。

――そういう場にも行かなきゃいけないし、ボディガードもやらなきゃいけないし、大変ですよね。

藤原　でもな、楽しかったよ。猪木さんの役に立てるという喜びがあったしね。

――ちなみにトップ選手になって、猪木さんの付き人から離れてからは食事はどうされてたんですか？

藤原　みんなひとりでいくよね。他の奴はうっとうしいんだよ、試合でもそれ以外でもずっと同じ顔を見てるしさ（笑）。でも外に出たら出たで「今日はラーメン1杯で十分だな」と思っていても、他の人が見てると何品も頼まないと格好悪いじゃない。

――レスラーがラーメン1杯だけじゃ格好悪いと。

藤原　「レスラーはやっぱり食うめしの量もすごいんだ！」って思われなきゃいけないと、皆が思っていたんだな。ラーメンに酢豚に餃子にビールに野菜炒め……みたいな感じで注文せざるを得ないっつうね。

――身体ができてからも無理してごはんを食べなきゃいけないんですね。

藤原 酒を飲むときもプロレスラー。人が見てるときはガンガン飲む、そして酔わない。大変なんだ、プロレスラーは！

岩手で覚えた密造酒どぶろく

試合では脇固めをはじめとした厳しい関節技で極めていく姿が印象的だった藤原組長。しかしリングを降りた姿で思い出されるのは、その片手にある「スポーツドリンク（本人談）」こと、お酒。あらためて「組長とお酒」にまつわる話をじっくり聞いてみます。

――さて藤原組長といえば酒豪のイメージが強いんですが、いくつくらいのときから飲んでいたんですか？

藤原 そりゃお前……20歳過ぎてからに決まってんだろ（ニヤリと）。

――そうですよね（笑）。

藤原 おやじがとび職で酒飲みだったからな、そのおかげで酒に強い血なのかもしれんな。あと、あの頃のうちの実家のあたりはどこも自宅でどぶろくを作ってたんだよな。酒税法だかなんだかで、あれも勝手に作っちゃいけないんだけどさあ……でもおいしいんだよ！　甘くてな。

――岩手ではそんなにどぶろくを作っている家が多かったんですか。

藤原　多かった多かった、周りはよく捕まってたな。

――アハハハ！

藤原　あれは税務署かな？　やってくるんだよな。甘くていい匂いするから、どこが作ってるかすぐわかっちゃうんだ。あれはウマかったな〜。

――お酒を飲みだしたのは20歳からですよね？

藤原　18歳で岩手から上京したんだけどな、ワハハハ！　……おい、お前ら（レコーダーを指差して）、それで録音してるんだったら、この話は消しとけよな！

――まあ時効ということで（笑）。新日本に入ってから、いっぱいお酒を飲む機会があったと思いますけど、その当時の飲み仲間というと？

藤原　スポンサーのところによく引っ張っていかれたのは、俺と荒川さん（ドン荒川）だよね。荒川さん、酒飲むと面白いからね！　酒のパートナーは荒川さんだね。もう死んじゃったけど。

日本酒1升を18秒で飲んだドン荒川

お酒とともに組長のエピソードに欠かせないのがドン荒川さん。リング上ではコミカルな試合が評判で、そのルックスやコスチュームから「前座の力道山」と呼ばれ、試合のうまさだけでなく強さも選手の間では高く買われていました。新日本プロレスの後はSWSに移籍して藤原組長とは別の道を歩むものの、後年にはたびたびタッグを組む良きパートナーに。2017年11月に亡くなられました。

――組長もお酒が強いですけど、荒川さんとどっちが強かったんですか？

藤原　若手で酒を飲むスピードを競わせたりしたんだけど、そういうのが荒川さんは異常に強かったね。日本酒1升を18秒で飲んだりしてね。ビールの場合だと大ジョッキで早飲み勝負をするんだけど、強かったのが猪木さんで4秒ね。私が2番めで11秒。猪木さんはね、やっぱりここがこうなってるから（アゴをなでながら）強いんだよ。おい！　これは書くなよ！

――モハメド・アリに「ペリカン」と言われただけはあると（笑）。新日本とお酒の話といえば、新日本の選手とUWFの選手が飲み会を開いた結果、熊本の旅館を破壊してしまった「熊本旅館破壊事件」の話が有名です。越中詩郎選手によると、組長はドン荒川さんと、旅館の7階か8階から「根性があったら飛び降りろ！」と言い争っていたとか。

藤原 ワハハハ、そんなことはしょっちゅうだったよ。酔っ払って殴り合ってな、「俺の方が強い」「いや俺の方が強い」って言い合って。次の朝に「なんだお前の顔！」「お前だって！」「誰がやったんだ」「オメエじゃねえか」みたいなことは日常茶飯事ですよ。そんなの、普通のこと（きっぱり）。

――当時の新日本では普通だったと。

藤原 けんかとは違うんだよ。コミュニケーションの殴り合い。

――でもやっぱり「どっちが強いんだ」ってのはあるんですね。

藤原 それはそうだよ。ホント馬鹿だったからなあ。特に荒川さんとは酒でも負けたくないし、食うことでも負けたくないし、ジャンケンポンでも負けたくないし。それでもね、友情は壊れないんだよね。

――ずっとつながりはありましたもんね。兄弟みたいな感覚なんですかね。

藤原 そうだなあ、双子の兄弟みたいな。似たもの同士みたいな……でも俺と違って、荒川さんは要領がいいしね。ただ、1回だけ言われたんだよ。「なあ藤原よ、本当に要領がいいのはお前だよ。見かけは要領が悪そうに見えて、実はうまいことやってる」って。

――荒川さんが組長のことを？

藤原　「俺なんか、調子がいいと思われてホントに調子がいいだけだから。よく考えると、お前の方が要領はいい！」って言ってたね。荒川さんが死んだのはいつだったかい？　あ、去年か。

――亡くなるまで仲良くされてたんですね。

藤原　連絡はそんなにしなかったんだけど、誕生日には何か（プレゼントを）送ったりしてたね。この前も昔描いた似顔絵を奥さんに送ったんだよ。

「奥さん、それはいけません」事件

――それと先日、マサ斎藤さんも亡くなられました……。組長とは新日本の「ナウリーダー vs ニューリーダー世代闘争」で同じチームでしたね。

藤原　ああ、そうだったね。ふたりともナウリーダー側だったんだよな。猪木さんに「僕は（年齢からして）ナウリーダーの側じゃないですよ！」って言ったら「いいんだ、お前はそういう顔してるから」って言われて（笑）。ただの数合わせでね。ホントいい加減だったなあ。

――マサ斎藤さんとの思い出ってありますか？

藤原 そうだねえ……俺らの間で伝説として語り継がれている「奥さん、それはいけません事件」かな（ニヤリと）。

――地方巡業のときのエピソードですね？

藤原 どっか地方に巡業に行ったときかな。佐山（佐山聡・新日本時代はタイガーマスク、UWFではスーパータイガーとして活躍）が旅館の俺らの部屋に来て「大変です！ マサさんが女性と屋上に！」って言いに来てさ。で、荒川さんと3人で屋上にのぞきに行ったら屋上の貯水タンクの影に見知らぬ妙齢の女性とマサ斎藤さんがいてさあ……（以下、かなりの下ネタが続くので割愛）。

――すいません、そのエピソード、面白過ぎるんですが、その内容はさすがに載せられないです（笑）。とりあえず、マサさんはすごく女性にモテていたということで……！ 佐山さんとはそのあとUWFでも激闘を繰り返す間柄ですが、そういうところは妙に気が合っていたんですね。

藤原 あいつはとにかく好奇心旺盛なんだよ。泊まり先で面白いところを見つけたら、「藤原さん、大変です、来てください！」って言いに来て、階段を3段4段飛ばしでピョンピョン飛んで行っちゃう。俺らは佐山を必死に追いかけてさ（笑）。あいつ、前世は忍者だよね。いろんなもんに興味あってね、「藤原さん！　いい盗聴器が売ってます！　買ってください！」なんて言うから「馬鹿野郎、なんで俺が買わなきゃいけないんだ」って言ったら「大丈夫です、ぼくが仕掛けますから！」って。

——佐山さん、イタズラ好きだったんですね（笑）。

酒が一番強かったのは……

——さて2度のＵＷＦ参加を経て『プロフェッショナルレスリング藤原組』を旗揚げされますが、鈴木みのる選手によると当時は弁当や出前中心だったとおっしゃっていたのですが。

藤原　そんなことないよ、ちゃんとちゃんこも作ってたよ。テールスープとかを作ったりしてたな。牛のしっぽの塊を赤ワインで煮てな、寸胴（鍋）で。

——ちなみに組長が育てた弟子や若手はたくさんいらっしゃいますが、お酒の相手になった選手っていますか？

藤原　酒が強いやつ……ひとりもいねえなあ。俺の酒の相手になるやつはいなかったね。うん、誰もいねえな、考えてみると。みんな弱い！　飲むから偉いってわけじゃないけどな。前田（前田日明）とかはまあ飲んだけど、あいつは弱いからな、すぐ崩れちゃう。佐山は酒嫌いだったしな。周りが酒を飲み始めると、コソコソ隠れて押入れで寝てるんだもん。

――では組長から見て、一番お酒が強かったレスラーって誰ですか？

藤原　やっぱり坂口（征二）さんだよな！　大きいだけあって。皆で宴会をやると、最後に残るのは坂口さんと荒川さんと俺、あと猪木さんなんだよ。でもたいがい猪木さんがサッと消えるんだよな。それで俺と荒川さんが「なんだこの野郎！」って始めると、坂口さんが止めてくれるんだ。坂口さんは飲んでもいい人なんだよ（笑）。

――坂口さんは誰に聞いてもいい話しかないですね。

がん告知を受けた翌日に、猪木さんから電話が

リング上でもリング下でも、そして食の話でも昭和のレスラーならではの話を聞かせてくれる藤原組長。しかし２００７年には胃がんが見つかり、手術することに。しかも末期がん目前の「ステージ３ａ」。手術後も抗がん剤治療を続け、幸い副作用も出ず、なんと手術後１年でリング復帰を果たしました。

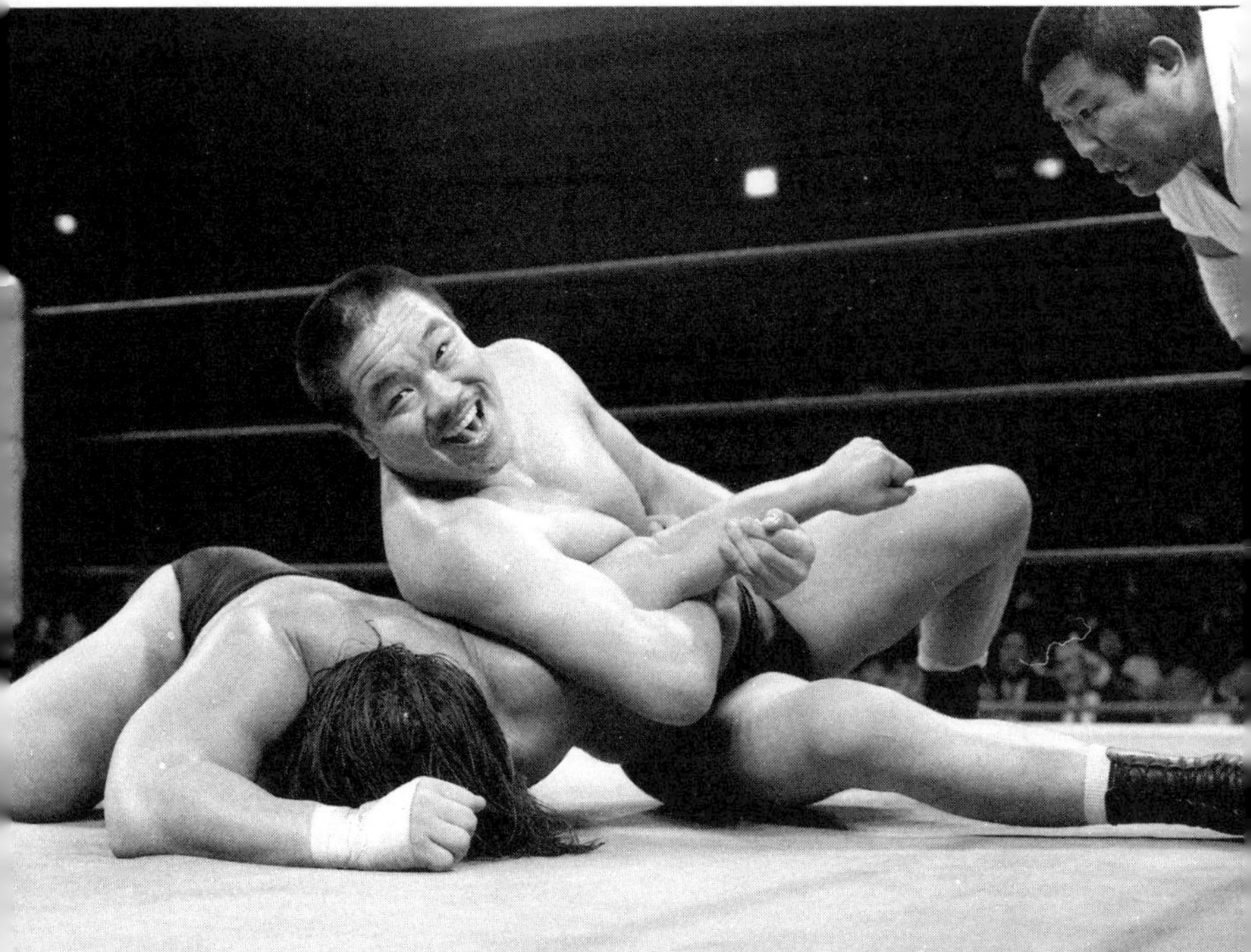

藤原 がんが見つかったきっかけは、古い知り合いから「友達が組長のファンなんだけど、もうがんで余命3ヵ月なんだ、会ってくれないか」って頼まれてね。それで実際に会って「治ったら宴会しような」なんて言ってたら、ホントにその人が完治しちゃってさ。それは良かったんだけど、回復祝いの席でその人のお母さんから「あなた箸の使い方が下手ねえ」って言われたんだよ。それでヒジがちょっと悪かったから「じゃあ、いい病院教えてあげるわよ」って紹介されて、その病院に行ったついでに健診したら4センチのがんが見つかったんだよ。

——さすがの組長もそれはショックですよね。

藤原 周りには「胃がん（依願）退職だ」って冗談を言ってたんだけどさ（笑）。やっぱりショックだったね。「俺、死ぬんだな」って。1時間くらいしょんぼりして考え込んだけど、「どうせみんな一度は死ぬんだよな。明日死ぬか、30年後死ぬかの違いだ」と思えてきてさ。入院しちゃうともう飲みに行けなくなるから「よし、だったら酒飲みに行こう！」って。

——気持ちの切り替えがすごい！

藤原 告知されたのもショックだったけど、手術して8日くらいして自分の身体を見たら筋肉がげっそり落ちてさ。鏡を見たらじいさんの身体になってたのもショックだったね。

それで慌ててトレーニングしたら翌日に熱を出したよ（笑）。

――さすがにがん手術直後にいつも通りトレーニングするのは無理がありますー！

藤原　手術してから2年間、抗がん剤を使ったんだけど、肝臓機能も落ちなかったし、白血球も減らなかった。だから医者からは「鉄の肝臓」って言われたよ。

――そこはさすがにプロレスラーですね。周囲には公表していたんですか？

藤原　ほとんど言ってなかったね。ただ俺ががん宣告を受けた翌日、なぜか猪木さんが電話してきたんだよ。「元気ですかー！」って（笑）。さすがにこっちも「元気です」とは言えないからさ。「実はがんなんですよ」って言ったら神妙な感じになってね。あのとき、何の用事で電話をくれたのか、いまだに分からない。

――それから試合にも復帰され、選手としていまだ現役。昔との違いは感じますか？

藤原　一番重たいときからすると20キロくらい減ったからね。50代で115キロあって、今は97か98キロだから、入門したときと一緒くらいだね。動きやすくなったよ。

――69歳にして！　そんな藤原組長にとって、最近の食の楽しみは何ですか？

藤原　俺は一度気に入ったら同じものをずーっと食べ続けるタイプなんだよ、1年か2年。最近凝ってるのが豚足だね。酒のつまみにスーパーから買ってくる。その前はとろろそばで、毎日のように昼に食ってたね。まあ、酒は（昔よりは）ずいぶん減ったなあ。

――（部屋に飾られている）自作のおちょこや徳利もすごく雰囲気がいいですね。

藤原 昔はずっとコップで飲んでたんだよ。50代の頃は日本酒5升くらいもらって、晩酌で飲んでるうちに1週間でなくなったりしてたんだよな。でもおちょこでやるようになると注ぐのが面倒だから全体の飲む量が減っちゃうんだ。年を取ってからそういうことに気づいたね。コップで飲むとつい飲みすぎちゃうんだよな。几帳面だから酒が余ってるとどんどん注いじゃうんだよ（笑）。

アーティスト気質で知られる藤原選手の事務所には自ら作った陶芸作品や絵画、刺しゅうなどがいっぱい飾られていました。

今回の取材では「もともと新日本プロレスに入る前はコックだった」という話から入りましたが、もし組長がプロレスすることなくコックさんのままだったら……たぶんそれでも「組長」と呼ばれるような、ちょっとコワモテでユーモラスな、そして世間に名を残すコックさんになっていたのではないでしょうか。

それでもやっぱり、豪快で圧倒的に強い「プロレスラーの藤原組長」を見られて良かった！ そう思いませんか？

長州力

レスラーめし

VOL.10

孤高の革命戦士が愛する

「泡盛のコーヒー割り」

GINZA T

PROFILE

長州力

ちょうしゅう・りき＝1951年 山口県生まれ。専修大学時代にアマチュアレスリングで活躍し、1972年のミュンヘンオリンピックに出場。翌1973年に、アントニオ猪木率いる新日本プロレスへ入門。1974年エル・グレコ戦でデビューし、サソリ固めで勝利を収める。メキシコ遠征を経た帰国後、藤波辰巳(現・辰爾)と「名勝負数え歌」と称された抗争劇がスタート。1983年に維新軍団を結成し、翌年新日本プロレスを退団、全日本プロレスに主戦場を移す。1987年に新日本プロレスへ復帰してからはIWGPヘビー級王座、IWGPタッグ王座、G1 CLIMAX優勝など華々しい戦績を残す。1998年に引退するも2000年に大仁田厚との電流爆破マッチで現役復帰。2002年、新日本を退団してWJプロレスを旗揚げ。以後は『リキプロ』所属として活動を続ける。2019年中の引退を発表している。

「リキラリアット」「サソリ固め」「パワーホール」「かませ犬発言」「またぐなよ!」「キレてないよ」など、ひとりのプロレスラーを語るときに長州力さんほど多彩かつ濃いキーワードが出てくる選手はなかなかいないでしょう。

大学時代、アマレスで五輪代表に選ばれるほどの活躍ののち、新日本プロレスに入団。藤波辰巳(現・辰爾)選手との名勝負数え歌、そして維新軍のリーダーとして頭角を現します。

その後、ジャパンプロレスを旗揚げして全日本プロレスに参戦。ジャンボ鶴田、天龍源一郎というトップレスラーと戦っていくなかで、長州さんのファイトスタイルである〝ハイスパートレスリング〟は全日本にも大きな影響を及ぼしました。

その後、新日本に復帰して前田日明の「顔面襲撃事件」を起こしたUWFとの抗争や、日本マット史上最多動員を誇るUWFインターナショナルとの対抗戦などでも大きな存在に。

一度は引退するも、大仁田厚との電流爆破デスマッチで復帰。WJプロレス旗揚げや新日本へ現場監督としての復帰などを経て、現在もその気迫あふれるプロレス哲学は若手レスラーたちに受け継がれています。

スズメを焼いて、塩をぶっかけて食べた少年時代

山口県徳山市生まれの長州力さん。兄弟4人の末っ子として育ち、中学で柔道、そして高校からアマレスを始めると3年生のときには国体優勝。アスリートとして目覚めて世界を目指すことに。まずは幼少期を過ごした山口時代の話から聞いてみましょう。

――長州さんは子供の頃、食べ物の好き嫌いってありました?

長州　ああ、なんでも食べましたよ。好き嫌いはまったくないですね、うん。あの時代の子はもう、みんななんでも食ったよね。

――山口にいた頃の思い出の食べ物はありますか?

長州　家の周りの畑や、あと家の庭なんかに柿だとかいろんなもんが植えてあってね。学校の帰りによくもぎ取って食べたりしてましたよ。トウモロコシなんてよく食べてました。焼かないで食べてましたよ、生のまま。生でも食べるとでんぷんの甘さが染みてきてね。

――なるほど、いろんなところから頂戴してたんですね(笑)。

長州　当時は鉄道の線路の脇にトウモロコシを作っていた人がいて、こっそりいただいてたね。魚釣りに行った帰りによく食べてたなあ。

――少年時代の思い出の味ですね。自宅での家族での食事風景は覚えてますか？

長州　家族の思い出っていうと、兄弟に負けないように自分で茶碗にすくってごはんを食べてたことですね。４人兄弟の末っ子だったんですよ。兄がふたりいて、体格は自分が一番小さかったですし。

――食べ盛りの兄弟の中で、末っ子は苦戦しそうですね。

長州　ごはんをかまどで炊いてたんですよ。あれはおいしかったね！　当時好きだったおかずっていうと、やっぱり卵ですかね。焼いても生でもやっぱりおいしい。肉なんてカレーの中に入ってるものくらいしか食べられなかったかな。あと、家の前に米粒をまいて飛んできたスズメをカゴで捕まえて食べたりしてましたよ。

――捕まえたスズメを⁉

長州　スズメはそこら中にたくさんいましたからね（笑）。血抜きして、塩をぶっかけて焼いて食ってましたね。いや、塩なんてかけずに食ってたかな？

――自然児ですねえ。

長州　中学くらいになると周りにもスーパーができたりしてね。そういうところでポケットに入ってる10円玉か５円玉で揚げ物を買って食べたりするようになったね。それまではうちの周りっていうと商店街しかなくて、おまんじゅうとかおはぎとかそういうものを買うくらいだったから。懐かしいなあ。

オリンピック選手の身体を作った「工事現場めし」

――長州さんは高校でアマレス部に入部して、インターハイ準優勝・国体優勝と素晴らしい成績を残し、その後は専修大学レスリング部に進まれます。重量級というのもあって、やはり身体を大きくしなくちゃいけなかったと思うんですが、ごはんはいっぱい食べました?

長州 大学の頃は寮でしたから、ごはんは食券制の食堂で食べていたんです。だけど、あんまりおかわりすると栄養士さんに怒られるんですよ。どんぶりで出るんですけど、食べ盛りだから本当はもっと食べたい。でも仕送りもそんなにないから外食もできなくてね。2年生の終わりからアルバイトができるようになって、それからやっと腹いっぱいまで食べられるようになったんじゃないかな。

――バイト代を稼いで、もっと食べられるようになったと。

長州 僕が行ってたバイト先ってのが小田急線の狛江ってところがあって、そこにヤマト運輸の仕分けのセンターがあったんです。今はもう機械なんだろうけど当時はひとつひと

つ手作業で仕分けしてましたね。そこは伝統的に運動部の学生を優先してアルバイトさせてくれたんです。そこの仕事を夕方までやって、そのあとヤマト運輸の社員食堂みたいなところで食事させてもらって、また帰って寮の食堂のめしを食うみたいな。(食べ盛りだったから)もう、いくらでも食べられましたね。

――バイトがある日は夜めしが2回も食べられるぞ! と。バイト代も入るし。

長州 そんな感じですよ。ただ、オリンピック目指していた頃には初めて経済的にもしんどくなってきて、ヤマト運輸を辞めてもっといいバイトしなきゃいけないってことで深夜のバイトを始めたんです。日本道路公団とかの。

――はいはい、深夜の道路工事ですね。

長州 僕たちは体力系だから、道路の横に排水溝みたいな水路があるじゃないですか。あれのふたを開けて、車についてるバキュームで水を吸っていくんです。それでまたふたを閉める。で、また次のふたをまた開けて……これをもう、ずーっとひと晩中やっていく。それが一番割のいいバイトでしたね。

――あのふたは重いでしょうし、その作業をひと晩中やるのは大変ですね。

長州 冬なんてかなり体力的にも厳しかったですけどね。親方さんはじめ、みんな優しくて良くしてくれましたよ。作業員の宿舎みたいなところで「いくらでも食べてけよ!」って感じで。あと、そういうところのおばちゃんがまた優しいんだよ。余ったごはんでおにぎりを作って持たせてくれたりね。

ちゃんこ作りはキラー・カンが上手

１９７４年に新日本プロレスに入団した長州力さん。アマレスで実績を残したアスリートのプロレス転向とあって華やかな入団ではありましたが、もちろん最初は新弟子生活からのスタートです。

――食事はいわゆるちゃんこですよね。

長州　そうですね。やっぱり鍋ものが多かったんだけど、肉に魚にといくらでも食べられて「こんなうまいもの、毎日食えるんだな」って感激しましたね。それまでの食生活と比べると最高だよなって。

――給料をもらって、しかもこれが食えるのかと。

長州　そうですよ。本当においしかったんですよ。

――記憶に残っているちゃんこのメニューはありますか。

長州 牛肉で作るバター焼きかな。あれはおいしかったですね。当時としてはずいぶんぜいたくな料理だったと思いますよ。材料を頼んでいた肉屋さん、そのあとずいぶんとデカくなりましたからね。

――アハハハ、たしかに毎日、新日本の道場から肉を注文されていたら、すごい額になりそうですもんね。

長州 すごいですよ、1日のちゃんこ代なんて5万円くらいだったんじゃないかな。それが毎日ですからね。本当にうまいもん食べられてたから、外に食事に誘われても行こうとはあまり思わなかったですからね。

――道場の方がおいしいもの食べられるから（笑）。長州さんも、もちろんちゃんこ番をすることはあったんですよね？

長州 僕も何回かやったんですけど、そんなにうまくは作れなかったね。バター焼きやすき焼きとかを作ったのかな。今は割り下やタレでもできているのが売っているじゃないですか。当時は砂糖と醤油と……って感じで自分で作らなきゃいけなかった。作ったら作ったで「このタレ、うまくねえな」なんて文句言われるんです。僕らなんかよりも、お相撲さん出身の人の方が（料理が）うまいですからね。みんな「今夜のちゃんこ番は誰だ？」って、すごく気にしてたよね。

――今夜のちゃんこがうまいかどうかは、誰が担当で作るかにかかってると。当時ちゃんこを作るのが上手だった選手って誰ですか？

長州　やっぱり、キラー・カンが上手だったね。今でもお店やってるもんね。何を作らせてもうまかった。上の人が「ちょっと味が違うな？」なんて言うとふてくされてたけどね（笑）。でも、本当においしかったですよ。そんな（料理が）うまい人がいたから、僕はあまり料理をしなくても何も言われなかったね。

北海道でハマったカニみそ巻き

80年代に入ると藤波辰巳との名勝負数え歌、革命軍からの維新軍結成、そして当時としては珍しい長髪をなびかせてのリキラリアットなどで強烈なインパクトを残して革命戦士の名を確立させます。

――若手からトップ選手に駆け上がっていく中で、当時で言えば維新軍をはじめチームとしての活動が増えていったと思いますが、そのメンバーで食事に行くことはあったのでしょうか？

長州　いやあ、あんまりないですよ。練習や試合はもちろん一緒だけど、試合が終わってホテルに戻ってシャワーを浴びて、めしを食いに行こうとするともう10時を過ぎてますから。ホテルで誰かに会っても「おう」って声かけるくらいで。

——集うのはあくまでも試合に関するときだけで。

長州　そんな夜までやってるようなお店もなかったからね。ホテルの近くで看板に明かりがついていれば、ラーメン屋さんだろうがなんだろうが入ってましたよ。だからみんな勘違いしてるよ。「いいもんばっかり食べてるだろう」って。巡業で日本全国、何周も回ったけど「あのお店がうまいから行こう」なんて感じで入ったことはないですね。まあ、今考えるとちょっともったいなかったかなとも思うんだけどね。

——ではそんな当時に食べたものの中で印象的なメニューはありますか？

長州　場所だとやっぱり北海道ですね。網走か稚内のほうだったと思うんだけど、北海道シリーズの途中で休みがあったんです。それでゆっくりしていこうっていうんで、お寿司を食べたいなと思ったところにたまたま見つけたお寿司屋さんがあって。じゃあせっかく北海道に来たんだから、カニみそを食おうって話になって、今でも覚えてるのがカニみそをお寿司屋さんが巻いてくれたんですよね。鉄火巻みたいにして。

——カニみそ巻、ですか！

長州　カニみそが凍っててさ、それを巻いていくんだよ。それもタラバガニのみそなんですね。「たぶんこれ、こっちの方にしかないよ」ってお店の人も言ってたけどね。あれはうまかったなあ……。その後もまた食べたいなと思って何回か探したんですけどね、たまたま開いていたお店に入っちゃったんでもう見つからなかったですね。今もあの店はあるのかなあ、どうなんだろうね。

――長州さんをそこまで言わせた「カニみそ巻」！　そのお店の名前は知りたいですね。

長州　やっぱり北海道のごはんはおいしいですよね。ホッケとかも大きさからして違うしね。そのへんの居酒屋さんと北海道の居酒屋さんじゃあ明らかに違いますよ。

――巡業中はだいたいひとりで食事は済ませていた感じですか。

長州　付き人をやっている選手だと、だいたい雑用とか洗濯とかをしてたりしてホテルを出るのが遅くなるんですよ。だから彼らが洗濯機を回しているときなんかに「おい、めし食いにいくぞ」って声をかけたりはしてましたね。まだデビューするかしないかくらいの選手。

――若手に声をかけていたんですね。

長州　みんなまた洗濯に戻んなきゃいけないから、急いでお寿司をいっぺんにいくつも口に放りこんで「味わってなんていられない」なんて感じで食べてましたけどね。「1回ちょっと見てきてまた戻ってくればいいから！」って言うんだけどさ。みんなよく食べてましたよ。

二度と飲みたくないレスラー

――プロレスラーに食の話を伺っていくと、やはり酒の話は欠かせないのですが、長州さんはけっこう飲まれる方なのでしょうか。

長州　ああ、僕は飲みたいなってときは飲みますけど量は普通でしたね。年間230本とか250本とか試合をしてるのに毎晩飲んでたらパンクしますから。それに飲む場合でも相手を選びますよ。

――相手を選ばないと本当に大変なことになりますからね（笑）。長州さんが見た中で、一番酒が強かったプロレスラーって誰ですか？

長州　それはもう坂口さん（坂口征二）ですね。うん、坂口さんは強かったなあ……（実感を込めて）。九州出身で焼酎好きでね。

――新日本の選手にこの質問をすると誰に聞いても坂口さんと答えますね。では長州さんが今まで飲んだ人のなかで、酒の席で印象的な選手はいますか？

長州　浜さん（アニマル浜口）とはよく飲んだね！　浜さんと最初に飲んだときは、「この人と飲むのはこれが最初で最後だな」と思ったんだけどね（笑）。

――浜口さんは酔っ払って大変になる感じなんですか？

長州　暴れたりはしないんですけど、本当に豹変《ひょうへん》するんですよ。声は大きくなるし、すごい友好的に肩とかバンバンたたいてくるんだけどあれは初対面の人はびっくりしますよ……（思い出したかのように）あの豹変っぷり！　そのときは確かにこの人とは二度と飲みたくないと思ったんですけど、最終的にはそれからずっと飲む仲になりましたね。

――浜口さんは普段も声が大きいイメージですから、酒を飲むととんでもないんでしょうね（笑）。そのあとは『ジャパンプロレス』として全日本プロレスを主戦場にされましたが、全日本の選手と飲む機会はありましたか。

長州　あんまりなかったですね。源ちゃん（天龍源一郎）くらいだね。源ちゃんは外に出るタイプだから、お互いに誘い合って行きつけのお店に行ったりしたね。まあ源ちゃんとはふたりで楽しく飲む感じですよ。

――長州さんと天龍さんが一緒に飲んでいる場は〝圧〟がすごそうです！

長州　源ちゃんは……すごい酒量を飲んでましたねえ。その他だと、全日本の選手と飲むことはあまりなかったね。源ちゃんが連れてくる若手とたまに飲むくらいで。新日本でも全日本でも、飲んだ後はラーメン食って……みたいな感じで、どこもそんな変わらないと思いますよ。下戸《げこ》の選手も多かったですけどね。今のプロレス界はもっと多いでしょうけど。

――今の選手で昔みたいな浴びるように酒を飲むって話はさすがに聞きませんね。

長州　今の若い選手たちに「何を飲む？」って聞いたら、普通に「あ、ワインの白でお願いします」みたいなのもいるからね。そういうときはもう黙って帰りますよ（笑）。

――ちなみに長州さんというとサイパン合宿で有名ですが、サイパンで海外ならではのおいしいものを食べたりはしないのでしょうか？　リゾートっぽいメニューとか。

長州　サイパンだったら『金八レストラン（※サイパンで有名な日本食レストラン）』で十分ですよ。海で泳いだりもしないしね。砂にまみれるのが好きじゃないんで泳ぐならプールの方がいいからね。

肉を食わないと、力が出ない

――長州さんが顧問として名前を連ねている『お肉酒場　GINZA-TEI　with長州力』が飯田橋にオープンしたばかりということで、こちらのお店でのインタビューになりました。やはり今でも食事は肉がメインですか？

長州　肉を食わないと力が出ないからね。肉はエネルギーの源ですよ。このお店のオープン前にランチの試食会をやったんですけど、サラリーマンが普段どのくらいの量を食べるかなんてわからないじゃないですか。

――長州さんがサラリーマンの感覚をわかったら意外過ぎます（笑）。

長州　どのくらいの量を食べるかわからないんだけどさ、そこはちゃんと「満腹になるように」って伝えてあるんで。しっかり肉を食べて元気になってほしいですね。

――酒場というだけに、酒ももちろん売りなんですよね。

長州　そうですね。あと焼き物で焼酎のカップを作ったんですよ。茨城の笠間焼なんだけどね、ひとつひとつ自分で名前を入れて。さっき取材で会った源ちゃんと棚橋（棚橋弘至）にもあげたんだけどね。この名前の模様がひとつずつ違うんだよ。ほら、焼けばそれなりに見えるだろ（笑）。

――100個限定だそうですが、ひとつひとつ長州さんの手で書かれたというのがレアですね！　普段の長州さんはどういう酒を飲まれているんですか？

長州　家では「コーヒー割り」が多いね。泡盛にコーヒーを混ぜるんだけど、泡盛は『太郎』が好きでね。それを缶コーヒーで割ってかちわりの氷をポンと入れて指でかき混ぜながら飲むのが今は一番好きですね。

維新軍を始めとしてチームで活動しているイメージの強い長州さんですが、今回話を伺ってみて、あまり他の選手とごはんを食べたりしていないところは〝孤高の革命戦士〟というイメージと重なる部分がありました。

現役当時、試合中にいつも見せてくれた、あのピリッとした緊張感はインタビューをした今現在でも変わりません。

ちなみに「泡盛のコーヒー割り」は、飯田橋にある長州さんプロデュースのお店『お肉酒場GINZA-TEI with長州力』で「RIKI割り」の名前でメニューにあります。

ビターだけど人を酔わせる、まさに長州さんのプロレスのような逸品です。

ダンプ松本

レスラーめし

VOL.11

骨まできれいに食べた「フライドチキン」

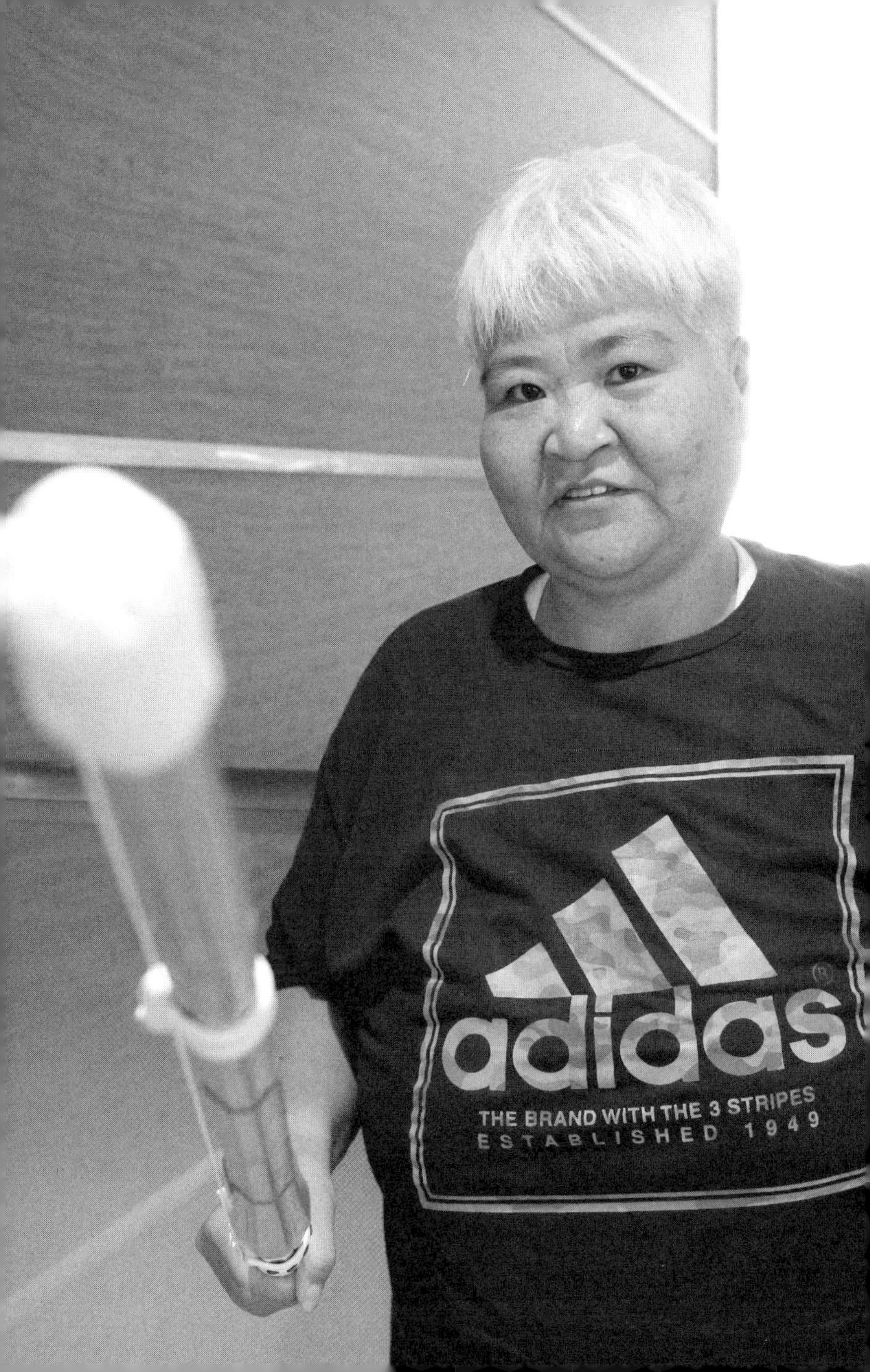
adidas
THE BRAND WITH THE 3 STRIPES
ESTABLISHED 1949

PROFILE

ダンプ松本

だんぷ・まつもと＝1960年 埼玉県生まれ。1980年に全日本女子プロレスで本名の松本香でプロデビュー。デビル雅美が率いるヒール軍『ブラック・デビル』の一員として前座のヒールの地位に甘んじていたが、1984年リングネームをダンプ松本と変更すると、クレーン・ユウと共にヒール軍団『極悪同盟』を結成。後に一番弟子となるブル中野らとヒールのタッグチームを組み、人気沸騰中だった正規軍『クラッシュギャルズ』との抗争を繰り広げ、女子プロレスを大いに盛り上げた。1988年大田区体育館で「ダンプ大森引退特別試合」出場。現在も「女子プロレス界を再び盛り上げ、多くのファンに試合会場へ足を運んでもらいたい」という強い思いでレスラーと芸能活動を両立しながら活躍している。

「悪人」が好きだ、という人はなかなかいないでしょうが「悪役＝ヒール」が好きなプロレスファンは少なくありません。プロレスを好きになればなるほど悪役が好きになる。そんな傾向もあるように思えます。

とはいえ、最近のリングの上で「完全な悪役」であり続けることはなかなか難しい。昔からプロレスを見ている人からすると、今のヒールは「ヒールというひとつのファイトスタイル」と感じてしまうかもしれません。

まさに「完全な悪役」として当時のプ女子の絶対的な敵であり続けた女子プロレスラーといえば、ダンプ松本。これを越える人はいません。

80年代の全日本女子プロレスで、当時の女の子たちを熱狂させたクラッシュギャルズ。その敵役である『極悪同盟』を率い、日本中を激しくヒートさせました。暴走族やパンクファッションをモチーフにしたメイクや衣装は、どこからどう見ても悪役そのもの。

さらに竹刀や一斗缶、ヌンチャクなどを使った凶器攻撃、悪のレフェリー・阿部四郎の不当なジャッジを味方にクラッシュギャルズを始めとしたベビーフェイス（善玉レスラー）を次々とたたきのめして一世を風靡しました。

当時の嫌われっぷりは現在のヒールの比ではなく、クラッシュギャルズのファンからカミソリ入りの手紙が毎日のように届いたほど。

またクラッシュギャルズとの対戦が評判になるにつれてテレビへの出演も急増。『夕やけニャンニャン』『毎度お騒がせします』などドラマ、バラエティーを問わず主に〝乱入役〟として出演し、その知名度はまさに全国区になりました。

極悪同盟からはブル中野、そしてアジャ・コングといったのちの女子プロレスをさらに進化させた名レスラーを輩出。1988年の引退後は芸能活動を続け、自主興行『極悪祭り』などではレスラーとしてリングに上がることも。

それにしても現在の松本さんの気さくな笑顔からは、日本中の女子プロレスファンから憎まれていた姿はまったく想像がつきません。また〝極悪女王〟も生まれていきなりダンプ松本だったわけではありません。埼玉県川越市生まれ、ビューティ・ペアが大好きな、母親思いの女の子でした。

お母さんが素揚げしてくれたザリガニの味

――ダンプさんの子供の頃の思い出の味ってなんですか？

ダンプ　カレーかなあ。お母さんが作ったカレーだね。貧乏でいいものが食べられなかったから、カレーくらいが一番うれしかった。豚肉とジャガイモとニンジン、玉ネギ……肉が入ってないときもあったんじゃないかな。

――貧乏とおっしゃってますけど、普段の食事はどんな感じだったんでしょう。

ダンプ　コロッケ一枚とかハムカツ一枚とか、そういう感じかなあ。お父さんはほとんど働いてなくて、お母さんだけが流れ作業の工場で仕事して。お母さんの収入だけで暮らしていました。

――プロレスデビューの時点で若手の中でも体格がいい方でしたけど、子供の頃から身体は大きかったんですか。

ダンプ　「貧乏な割りになんで太ってんの」ってよく言われたねぇ（笑）。ごはんだけは苦労しないようにお母さんが頑張ってくれたね。ごはん2杯3杯は食べられるように。だから今もお米は好き。

――地元は埼玉県の熊谷市ですよね。

ダンプ　そう。スイカを置いておけばカブトムシが飛んでくるような田舎。だから東京でカブトムシが売っているのを見て驚いた！　「なんだ、売れるんじゃん」って（笑）。

――では、その当時の遊びといえば、虫を捕ったり魚を釣ったり……？

ダンプ　あっ、ザリガニ！　ザリガニ釣りをずっと子供の頃やってたね。カエルを殺して、足をエサにして川でよく釣ってたね。

――懐かしいですね、ザリガニ釣り。

ダンプ それでザリガニやカニを持って帰ると、お母さんが素揚げにしてくれるの。ザリガニは尻尾だけエビフライみたいにして、食べたことはある。それがすごくおいしくって！ よく友達と捕りに行ってましたね。おかずになるってお母さんも喜んでました。

――ザリガニをおかずにもしてたんですね（笑）。

ダンプ 海だったら大きい魚が釣れるんだろうけど埼玉は川くらいしかないのよ～。

――ちなみにプロレスラーになるために鍛えたり食に気をつけたりはしてたんですか？

ダンプ あ～、ないね！ お金がないから「肉を食べよう」ってのもないし、部活も中学は水泳部で、高校に入ってからはアーチェリー部だったから格闘技には全然関係ないことばっかりだったね。

――最近のレスラーだと部活でレスリングやっていた人も多いですが。

ダンプ 全然ない！ せいぜい心構えくらいのもんで。これ書いていいのかわからないけど、修学旅行に行ったときに「みんなで万引きしよう」って話になって。

――すごい集団行動ですね（笑）。

ダンプ 高校時代ってそういうこともあるじゃないですか、舞い上がっちゃって。でも自分はプロレスラーになりたいし、そんなことで学校停学とかになったら困るからやらなか

ったですね。仲間から「ずるい！」って怒られたことがあります（笑）。

――その後の大ヒールとは思えない真面目さ！

ダンプ　フフフ。その友達は万引きが見つかって一週間くらい停学になったのかな。「プロレスラーになりたいからそういうことは絶対にできない」って思って、悪いことは一切しなかったですね。

落ちこぼれ仲間の長与千種と食べたタバスコライス

その後、全日本女子プロレスを志して入団テストを受けるもプロテストには不合格。しかし全女営業の仕事をしながら練習生としてトレーニングを受けることになりました。その後、本名の松本香で１９８０年にデビューして１９８４年からダンプ松本となりヒールレスラーとして悪の華を咲かせることに。

しかし松本さんが「ダンプ」になる前、特に練習生時代は落ちこぼれだったと言います。その当時の食生活はかなり厳しいものでした。

――これまで長与千種さんとブル中野さんにめしの話を聞いてきたんですが、全日本女子プロレスでのデビュー前の練習生時代は、「とにかくめしが食べられなかった」と皆おっしゃいますね。

ダンプ やっぱりそう言ってたでしょ？ お米だけは事務所が出してくれるからタダなんだけど、おかずを買うお金がなくてね……。千種が言ってたと思うけど、当時のごちそうといえばタバスコライス！ ごはんにタバスコかけたものをおかずにして、白ごはんを食べてました。もう辛いだけなんだけど、それでごはんも一緒に食べちゃうみたいな感じで。

——うわさのタバスコライス！ タバスコをおかず代わりにしちゃうのもすごいですね……。

ダンプ あとはマヨネーズかけごはんかな。マヨネーズを1本買ってきてね、ごはんにそのままかけたり。誰かがツナ缶を買ってきたら少しもらってマヨネーズをかけて。あとは紅しょうがだけをかけたり、バターが買えなかったらマーガリンをごはんにかけたり……。

——主にごはんにかけるメニューばかりですね（笑）。

ダンプ だって、本当におかずらしいおかずが買えなかったんだもん。本当に貧しかったね……（実感を込めて）。料理っていっても、ソーセージを焼いて食ったりとか、本当にそういうレベルですよ。普通のお肉を食べることはなかったな……。

——外食なんてとんでもない、と。

ダンプ　ただその頃、近所に50貫食べたらタダになるっていうお寿司屋さんがあって。よくその店に食べに行ってたら〝女子プロレスラーは禁止〟って張り紙されるようになったことがあったね。せっかくいいお店を見つけたと思ってたのに！

――そのお店も悪いところに出店しましたね（笑）。

ダンプ　当時は今みたいな食べ放題のお店ってなかったのよ。3年くらいたって、「1900円でお肉が食べ放題」みたいなお店が出てくるようになったのかな。

――その頃のダンプさんにとってのぜいたくなごはんって、なんでしたか？

ダンプ　たしかケンタッキー（ケンタッキーフライドチキン）ができたくらいの頃で、マイパックが420円くらいだった気がするんだけど、それを食べるのがうれしくてうれしくて！　500円出すのって大変なんだけど、喜んで買って食べた記憶がある。あれは最高のごちそうだったね～。

――まだファストフードが新鮮な時代でもありますしね。

ダンプ　そうだね、本当に喜んで食べていたから。今でも（チキンの）食べ方は本当きれいだよ！　骨まできれいに食べちゃうもん。今の若い子って食べ方が汚いでしょ？　ちょこちょこ食べて残したりするじゃん。もったいないって思うよね。自分なんかもう「ネコも食べないぞ！」ってくらいの感じになるから。

――ネコも手をつけないくらいきれいに食べちゃうと（笑）。

ダンプ　吉野家なんかもまだあまりなかったんじゃなかったかな。これまたうれしかったね〜。本当に助かった！

――じゃあ、まともなごはんが食べられるのは巡業のときくらいですか。

ダンプ　そう！　巡業に行くと、朝ごはんと夜ごはんが出てくるのがうれしくってね。

――もう、2食分が確保されてるだけでうれしいと。

ダンプ　うれしかったねえ。練習は厳しいし、毎日試合だし、先輩とも一緒にいなきゃいけないから嫌なんだけど、ごはんが食べられるってのがなによりうれしかった。でもね、遠征にはそんなに連れて行ってもらえなかったんだよ。落ちこぼれだったから。だから千種とふたりで寮で食べたよね、タバスコライスを（笑）。

――長与さんと落ちこぼれ仲間だったというのが信じられないです。

ダンプ　先輩に気に入られたら寮にいるときもごはんに連れて行ってもらえるんだよ。飛鳥（ライオネス飛鳥）がジャガーさん（ジャガー横田）にごはん連れて行ってもらってるのを横目で見て「ズルイよな〜」って言ってた覚えがあるね。

――先輩にいかにかわいがられるかで練習生時代の食生活が決まると。

ダンプ　先輩に連れて行ってもらえるからね。だから「自分が先輩になったときは全員連れて行こう」って、その当時から思ってたよね。だから極悪同盟は、ごはんに行くときは全員一緒に連れて行くようにしてたんだよ。

「カミソリが送られるヒールになろう」と自ら志願

——では食生活が安定してきたのは？

ダンプ　ダンプになってからだね。そこまでは全然ダメ！　ダンプになってギャラが倍になって、どんどんポジションも上がっていって好きなものを食べられるようになった。回る寿司じゃないお寿司も食べれるようになったね。

——新人の松本香時代はデビル雅美さん率いるデビル軍団の一員ですよね。

ダンプ　先輩のお世話みたいなのはしなくてもよくなったけど、給料はそんなに変わらなかったですよ。弱いからね。興行の日の前半戦だと（ファイトマネーも）安いし。

——ダンプさんは自分から「ヒールになりたい」と志願したそうですが。

ダンプ　会社からはベビーフェイスでって言われたんだけど、自分は「ヒールになりたい」って言って。実は千種はヒールになりたかったみたいだけどね。

——珍しいですよね。当時の女子プロレスって、皆ベビーフェイスになりたくて入門して、会社に言われて泣く泣くヒールになるってパターンがほとんどだったわけですよね。ブル中野さんもそうおっしゃってましたけど。

ダンプ　自分はビューティ・ペアやマッハさん（マッハ文朱）を見てきたからね。かっこ良くって背が高くてかわいくて、スタイルが良くないとベビーフェイスでは人気者になれないと思ってたの。だったら実力で上に上がれるのはヒールだろうって、最初からヒールを選びました。

――いち早くトップレスラーになりたい、と。

ダンプ　そうすれば普通のOLよりもいいお金がもらえるわけだから。お母さんにおいしいものを食べさせてあげられる。ずっと女手ひとつで育ててもらったからね。

――親孝行するための最短距離がヒールだったと。

ダンプ　それで、まずはデビルさんを抜こうと思ったんだよね。デビルさんは一度もカミソリを送られてきたことがないって言ってたから、自分はカミソリをいっぱい送られてくるヒールになろうって。「どういうことをやれば、皆から嫌われるかな？」って、そういうことばっかり考えてましたね。

――実際、カミソリは送られてきたのですか？

ダンプ　そりゃもう……。いっぱい来ましたねえ（遠い目）。当時は、身に覚えのない人からの贈りものは自分では見ないようにしていたんです。（極悪同盟の）若手の子がそういう郵送物をチェックする係なんですけど、もう上から切ろうが下から切ろうが指が切れるよう、封筒にカミソリが仕込んであったから。だから「ちゃんと硬いものが入ってないかどうか確かめてハサミで切りなさい」って言ってましたね。だいたい中を開けても「死ね」って書いてあるだけだけどね。

――心ないファンが当時はたくさんいたんですね。

ダンプ　あとはケーキの腐ったのとか、カレーの腐ったのを「うんこだ！」って手紙と一緒に送ってきたり……。ケーキにゴキブリを入れて送ってきた奴もいたね。わざわざこんなのを捕まえて、よく送ってくるなって思ったけどね。本当に私たちのことが嫌いでしょうがなかったんだろうね（ニコニコと）。

「極悪のおかげだからな！」

――怖すぎますね……。でも実際にはギャラも上がって、おいしいごはんを食べに行ける立場になったわけですよね。

ダンプ　それが、確かに給料は上がったんだけど、ごはんにはもう全然行けなくなった！

それまでは普通に近所に食べに行っていたのに、「あんまり外を出歩いちゃいけない」ってことになって。

——それはヒールとして知名度が上がり過ぎて？

ダンプ そう。だって、極悪同盟のみんなでごはんを食べているとサインをくれだの、握手してくれだのが来るじゃない。普通は自分が何も言わなくてもブルちゃんやコンドル（コンドル斉藤）が「ダメです」って遠ざけるのよ。

——それこそ当時は超有名人ですからね。

ダンプ それでもしつこく来る人には「うるせえ！」って言って追い払ったりして。そうするとさすがに逃げていくんですよ。でも、そういうのがデパートであったりすると並べてあった商品を倒しちゃうわ、喫茶店だと水をこぼすわで、お店の人に嫌がられたんですよ。なにかとトラブルばっかり起きちゃうから。

——それで外には食べに行くな、と。

ダンプ それまではお昼ごはんはそれぞれ外に食べに行ってたのが、ぜんぶお弁当になりました。選手全員分の弁当を出してもらえるようになったから「極悪のおかげだからな！」ってアピールしてやりましたね（笑）。

——会社からすると弁当代がかかるから大変ですね。

ダンプ　でもその何倍ももうかってるからいいんじゃない？　ほんとだよ、弁当代だけじゃ許せないくらいだよ。上（経営陣）はすごくいいもん食ってんだからさあ。うちらには安い弁当を食わせて、自分たちはうな重を食ってたりしてたよ。当時の全女のビルはもう売っちゃって駐車場になっちゃったけど、あれはクラッシュギャルズと極悪同盟が作ったもの。壁一枚くらいはうちらのもんだよ（笑）。

――先ほど食事は極悪同盟のみんなで一緒に行っていたとおっしゃってましたが。

ダンプ　さすがに毎日は無理だけど、1カ月に1回は連れて行ったりしてたよ。焼肉の叙々苑にみんなで行ったりしてたね。1回で30万円くらい平気で食べちゃったりするの。

――焼肉とはいえ一度に30万円！

ダンプ　極悪同盟全員だから7人くらいかな。バカみたいに食って飲んで、高くついたねえ～。

――極悪同盟の上の選手だけでなく、若手も全員呼んで行ってたんですね。

ダンプ　でもね、昔は本当に用事があったとしても「今日は無理です」なんて絶対に言えなかったのね。先輩の命令は絶対だからさ。それで仲間同士で（お店に来るかどうか）聞かせてね。こっちはひとりでも少ない方が安上がりだからさ。無理やり店に呼んで食われても、金かかるだけだからね（笑）。

――先を読んだ気遣いが素晴らしいですね。ちなみに極悪同盟では誰が一番飲み食いがすごかったんですか？

ダンプ　すごい飲んだのはドリル仲前かな……。自分は酔っ払っちゃうから誰が飲んで食ったか、わからないのよ。だいたい影かほるが自分のマネジャー役で、財布とかも全部管理してもらってたから、彼女が支払って、次の日に「いくらでした」って言われるだけ。支払いのことしか覚えてないわよ（笑）。

――会場では大ヒールだったわけですが、外で一般人から襲われたりしたことはなかったんでしょうか。

ダンプ　そこまではなかったですね。外にいるときはブルちゃんとかも一緒にいたから。ただ、飲み屋で喧嘩を売られて、相手がビール瓶をガーンと割ってすごまれたことはあって聞いた。でもブルとコンドルが守ってくれて。わたしは酔っ払ってたから、その話は後から聞いたんだけどね（笑）。

――本当に覚えてないんですね（笑）。巡業先でおいしいものを地元の興行主やスポンサーから食べさせてもらうこともありました？

ダンプ　あったけど、そういう人たちって「肉でも食わせとけ」って感じだから。最初はしゃぶしゃぶ食べ放題とかもあってうれしかったけど、すぐ「毎日肉ばっか食ってられっか」って感じになっちゃったわよ（笑）。極悪が呼ばれる日と、クラッシュが呼ばれる日があったんだけど、人数が少ない方がいいもん食わせてもらえたから、千種と長与はいいもん食べてたんじゃないかな（笑）。

――地方で食べたもので思い出に残ってるものはありますか。

ダンプ　北海道に行ったときに「アワビ好きなだけ食え、カニも食いたいだけ食え」って言われたのはうれしかったね〜。カニもいろいろあってね、毛ガニが一番おいしそうな感じがするけど、花咲カニってのがあって、私はそれが一番おいしかった！　味噌は毛ガニだけど、身は花咲カニだったねえ。タラバガニはただでっかいだけで、茹でたてだとカニの味がふわ〜っとしてるから大きさを満喫するって感じ。

――カニの味比べって贅沢ですね！　やっぱり北海道が一番ですか。

ダンプ　あとは九州の熊本。鯨ベーコンが出るところがあってね……どこだったかな？『本陣』っていう旅館みたいなホテルみたいなところがあって。ダンゴ汁が出たり、何種類もごはんがあって、みんなそこを一番気に入ってたね。夕飯も肉から魚から全部出て、うまいのよ〜。

「コマーシャルだから、我慢してくれ」

クラッシュギャルズと極悪同盟の試合はゴールデンタイムで放送され、一大女子プロレスブームを巻き起こし、プロレス以外のテレビ番組にも極悪同盟は出演するようになります。ドラマやバラエティー、さらにはCMにまで。

――ヒールとしての知名度が上がるとともに芸能の仕事も増えました。

ダンプ　増えましたね。テレビの世界だと収録が始まる前に「よろしくお願いします」って挨拶しに行くから、最初は怖がっていた若いアイドルたちも安心してくれるんだよね。だけど、番組の中で竹刀でたたいたりするのは思いっきりやってましたね。

――自分の世代だとドラマ『毎度おさわがせします』のイメージが強いです。

ダンプ　美穂ちゃん（中山美穂）とか、女の子は竹刀でたたかないけど、吉幾三さんとか木村一八は思いっきりたたいてたね（笑）。

――ダンプさんにまつわる「テレビとめし」でいえば、日清食品の『タコヤキラーメン』のCMは外せないですよね。

ダンプ　ああっ！　あったねえ。「マジだぜ！」ってやつ。コマーシャルに出たけどね、あれ、マズいのよ〜。

――アハハハ！

ダンプ　だって、考えてみてよ、タコヤキがラーメンに入ってんだよ？　明石焼きを狙ったらしいけど、あれならおいしいじゃん。タコヤキラーメンはすぐになくなったんじゃない？

――でも2年くらいは売ってたらしいですよ。

ダンプ　そうなんだ！　そんなに売れてたの？　それと一緒にトキタマラーメンも出てたんだよね。タコヤキラーメンはＣＭ撮影で50個くらい食わされましたね。

――しかもＣＭの最後にノーメイクの素顔を出しましたよね。あれが初めてだったんですか？

ダンプ　そう、あれが初めて。（会社の）上に言われて嫌とも言えなくって。お金は半分って言われてたけど、絶対会社に多くとられてるね。

――ヒールとしてのプライドが強いだけに嫌だったでしょうね。

ダンプ　嫌だったねえ。でも「コマーシャルだから、我慢してくれ」って言われて。

――ただ、それだけにインパクトはすごかったです。最後に素顔のかわいいダンプさんが登場して、日本全国が「えー！」と衝撃を受けました。

ダンプ　かわいかったかはわからないけど（笑）、あの頃はとにかくみんなヒールのイメージを崩そうとしてきてたよね。『夕やけニャンニャン』に出たら、（片岡）鶴太郎さんは絶対に笑わせようとしてくるからね。それしか考えてないから。こっちはもう絶対に笑っちゃいけない。

――その頃になると、ヒールのイメージを守るのが仕事ですよね。

ダンプ　雑誌の撮影でも着物を着せられて、顔はそのままサングラスをしていたら「プライベート用に撮ってあげるから外してみてよ」って言われるんですよ。でも、そう言われて撮った写真を雑誌で使われたりするから、絶対にサングラスは取らないようにしてね、意地でも。そういうことを事務所がさせようとするんだからね！

――全女の経営者だった松永兄弟ですね（笑）。そういうイメージって、普通は事務所が守る立場ですよね。

ダンプ　ねえ！　それをさせようとするんだよ？　「素顔を出させるから」って言っていて、金を多めに取るんだと思うよ、「サングラスを外したらプラス○○万円」とかさあ。それが自分には入ってこないってのがわかってるから、絶対に撮られるもんか！　って思ってました。ヒールであればあるほど、そういうのを求めてくみたいでね。ひっどいよね、大人って！

B

――今だとヒールのレスラーも笑顔を見せるのは普通になりましたね。

ダンプ　今の子は普通に笑ってるよねー。今は誰がヒールなのかわからない。もう「嫌われてるヒール」っていないよね。自分らは嫌われるどころか〝憎まれて〟ましたからね。

母から「家に帰ってこないで」と言われて

そんな日本中の女子たちを熱狂させたダンプ松本さんも、1988年に全女を引退。それからはもともとの明るく気遣いのできる性格そのままのキャラクターでタレント業に転向。やっと外で普通の食事を楽しめるようになりました。

――では引退してから生活がガラッと変わったんじゃないですか。

ダンプ　それまではコンビニも行けなかったから、食堂もレストランも普通に入れるようになったし、うれしかったねえ。ちょっとしたことで「ありがとう」とか「ごめんね」とかって言うじゃない？　そしたら「ダンプがすいませんって言った！　なんていい人だろう！」って。昔があまりにもひどいイメージだったから、ギャップがあるのか余計にいい人に見えるみたい（笑）。

――全女時代にヒール道を志したのも、お母さんに恩返しをするためですよね。親御さんにプレゼントやごちそうなどの恩返しはできました？

ダンプ ダンプ松本になってからはいっぱい……ね。妹には軽自動車だけど車を買ってあげて。お母さんには最終的に25歳か27歳だかのときに家を買ってあげたんだよ。「普通、家が欲しいとか言うかね」って思ってたけど（笑）。

――ごはんには連れて行ってあげました？

ダンプ ごはんはね、ダンプ松本時代は連れて行けてないんだよね。「もう家に帰ってこないで」って言われてたから。

――それはやっぱり、ヒールレスラーということで？

ダンプ 「ダンプ松本の実家」ってバレると大変だから。熊谷に住んでた頃、実家に石を投げられて「出てこい！」って言われたりして……。プレゼントした家は、そこから離れた街に家を建てたんだけど、もう「家に帰ってこないで」って。

――プレゼントしてもらったのに！　でもファンの反応もひどいですね。

ダンプ まあ仕方ないよね。それにファンも自宅だったら大丈夫と思うのか「サインもらえませんか」って色紙を持ってくるのよ。でも「ダンプは実家にいるときは優しい」って思われるのもいやだから「家まで来るなー！」って色紙を玄関から投げなくちゃいけないんだよね。それをお母さんが拾わなきゃいけないわけよ。

――それはダンプさんもお母さんもつらいですね。

ダンプ　「お母さん、かわいそう……！」って思ってましたね。でも、そこでサインを書いちゃうと「ダンプはリングを降りると優しい、家に行くとサインしてくれるぞ」って噂が広まっちゃうから。ヒールなんだから、それよりも「実家にサインもらいに行ったけど色紙を投げられたよ、あのバカ野郎！」って言われる方がいいでしょ？　悪い噂の方がすぐ広まるから。だからダンプ時代は母をどこにも連れて行けなかった。

――当時の状況では仕方なかったかもしれませんね。

ダンプ　1回だけ沖縄に旅行に連れて行ってあげたけど、そのときも嫌な思いをしたみたい。ごはんに連れて行ったり一緒にいろいろ出かけられるようになったのはプロレスをやめてからだよね。それまでは「お母さんって呼ぶな」って感じよ。お互いのためにもね。今は実家に帰ったときにお母さんと行くうどん屋さんと回るお寿司屋さんが一番のごちそうよ。

――そしてもうひとり、ダンプ松本になってから話せなくなった相手が落ちこぼれ仲間の長与千種さんでした。

ダンプ　新人の頃は落ちこぼれ同士で仲も良くて、ふたりとも周りから「（レスラーを）

やめろやめろ」って言われてたけど、頑張ろうねって励ましあって。確か千種が先にクラッシュギャルズになったのかな？　頑張ってるなって思っていたときにクラッシュギャルズの敵役として極悪同盟が結成されることが決まって。「千種も頑張ってるから自分も頑張んなきゃいけない」って言ったときから一切、千種とは会話をしなくなった。それが24歳くらいかな。

――それから約4年間、引退するまで長与さんとひたすらリング上で戦い続けたわけですよね。引退後は食事する機会は、ありましたか？

ダンプ　引退した後、大森（大森ゆかり）と千種と自分でイベントに出たことがあって、それから話をするようになりました。あとは千種と飛鳥と3人で遊んだこともあるかな。でもあのふたり（クラッシュギャルズ）は仲が悪いんで（笑）。千種とは1回遊んだきりで、ふたりで食事したことはないんだけどね。

――改めて話をしてみて打ち解けましたか？

ダンプ　引退後にふたりで話してみてわかったのが、お互いが憎み合って喧嘩するように会社が裏で私たちに吹き込んでたわけ。「千種がお前の悪口言ってたぞ」「ダンプが、クラッシュギャルズのダンスは下手だって言ってた」とか。それで「え！　そんな悪口を言われる筋合いはないじゃん」ってこっちは怒る。それぞれを焚きつけて、リングに上げて喧嘩マッチをさせてたのよ。ひっどいよね。

――それを客前でやらせるのがすごいですね……。

ダンプ　引退して話してみたら、お互いに「えー！　そんなこと言ってないよー！」ってビックリして。「だまされてたね、うちら」って。会社にだまされてたから試合も盛り上がったんだろうけどね。当時は殺したいくらい大嫌いになってたからね、お互いに。

――どちらもだまされていたのがあったからあの時期の試合の熱量が出せたという……それもかつての親友同士で。

ダンプ　今、『極悪祭り』っていう興行をやっているけど、千種の団体・マーベラスと会場を一緒に借りてやったりしてるんだよね。30年かけてお互いの話がわかるようになった気がするな。いろいろ違いがあっても、プロレスに対する気持ちとか、尊敬できる相手だなって。今やっと戦友から親友になった感じがしますよ。

ダンプ松本さんのヒールとしてのプロ意識の高さ、そして決して表に出さなかった優しい人柄こそが、あの狂乱の女子プロブームを生み出したのは間違いありません。
まさに「優しき極悪女王」……なんて言ったら、竹刀でたたかれてしまいそうですが！

武藤敬司

レスラーめし

VOL.12

主のいぬ間に痛飲した「坂口征二邸の高級ワイン」

PROFILE

武藤敬司

むとう・けいじ＝1962年 山梨県生まれ。1984年、新日本プロレス入門。のちに『闘魂三銃士』となる蝶野正洋、橋本真也は同日入門だった。1985年に初の海外遠征。アメリカンプロレスのスタイルを身につける。1988年の2度目の海外遠征ではザ・グレート・カブキの息子のグレート・ムタとして登場。当時のアメリカで絶大な人気を獲得し、スティングやリック・フレアーと対決した。1990年の凱旋帰国以降、新日本プロレスでは長きにわたってトップレスラーとして君臨、数々のタイトルを獲得。2002年に全日本プロレス移籍後は社長を兼任する。2013年には全日本を退団。新団体WRESTLE-1を旗揚げして、現在は会長に。

プロレス史に残る天才といえば武藤敬司。ムーンサルトプレスにシャイニングウィザード、そしてドラゴンスクリューからの足4の字固め……その技の名前を聞くだけで、数々の名場面が思い浮かびます。どこか飄々《ひょうひょう》としたキャラクターと、自らのレスリングに対する圧倒的な自信。

初期のオレンジタイツ時代から黒をベースにしたスキンヘッドへの変化を見てもその自己プロデュースのセンスは卓越しています。

橋本真也、蝶野正洋と並ぶ〝闘魂三銃士〟として、90年代の新日本プロレスをけん引した武藤選手。特に1995年10月9日、超満員の東京ドームで行われた新日本とUWFインターナショナルとの対抗戦ではメインで髙田延彦を撃破、日本プロレス史に残る屈指の名場面と言われました。

その後、2002年に全日本プロレスに移籍し社長に就任。2013年にWRESTLE-1を旗揚げし、現在は団体会長としてその辣腕《らつわん》を振るっています。

またアメリカで誕生した武藤敬司の化身グレート・ムタも世界的な知名度を誇る伝説のレスラーです。武藤とムタというふたつの顔でレジェンドという選手はそうはいないでしょう。

ジャンクフードには憧れてたよな

その天才的なプロレスのセンスでデビュー当初から期待された武藤選手。生来の運動神経の良さに加え、出産時で４０００グラムという体格の良さもずば抜けていました。生まれの山梨時代はどんなめしを食べていたのでしょうか。

――子供の頃好きだった食べものって覚えてますか？

武藤　子供の頃は……覚えてねえなあ。ジャンクフードには憧れてたよな。俺が小学校か中学校の頃に出てきたからね。

――ジャンクフードというと、ハンバーガーですか？

武藤　そうそう。うちの周りだとマクドナルドよりモスバーガーの方が先にできたんだよ。シェイクとか、うまかったよなあ。あとチンで作るピザにも憧れたよね。まだピザ屋さんはなかったと思うんだよな、大手のチェーンみたいなのは。

――子供だとなおさら憧れますよね。

武藤　あとそうだ！　確か中学時代に街にすかいら－くができたんですよ。

――ファミレスが！　それは斬新でしょうね、当時としては。

武藤　すかいらーくに行って初めてビーフシチューを食べてさ。うちのおふくろはまずシチューなんて作らないからね。

――それは衝撃だったでしょうね。

武藤　あと、小学生の頃からカップ麺も出てきてさ。それ以前はカップ麺なんてなかったからな、袋麺だけで。レトルトカレーもそうだよなぁ。だから、そういうのに憧れたよな。新しい食べものっていうか、いよいよおふくろの味に飽きてくるころ。

――子供心におふくろの味が古く感じたりもしますよね、ハンバーガーやピザの前では。

武藤　だって家だと和食しか食わなかったからな。出るものっていうと、焼き魚に野菜炒めに豆腐に……肉もしょうが焼きで食べるんだけど、まずおふくろが牛肉を食えないんだよ。

――そうなんですか。

武藤　「乳くせえ乳くせえ」ってってさ。牛乳くさいみたいで、だからあんまり牛乳も飲まなかったかな。

――それでもこんなに大きい身体に成長したんですね（笑）。

武藤　だから東京に遊びに来て、初めて吉野家の牛丼を食べて感動したよね！

――ハンバーガーにビーフシチューに牛丼と、肉への憧れは一貫してますね。

武藤　そうだなあ。家ではさ、まぐろの刺身はもう毎晩くらい食べてたんだけどな。山梨ってさあ、まぐろの消費量が全国2番目とかなんだよな。

――海がない県だけに意外です！

武藤　それ以外でおふくろが作る郷土料理だと、やっぱりほうとうかな。あれは冷たくってもうまいんだ。一夜明けてもさぁ。ごはんにかけてもおいしかったし。あとは吉田のうどん。家でも作ったりしてたね。

――ジャンクフードに憧れはあるけど、山梨の母の味も忘れられないんですね。

武藤　あと、うちの近所は馬刺しもうまいんですよ。馬刺しというと熊本だけど、そこのとも違ってね。肉がヒレなんですよ。熊本の馬肉もうまいけど山梨もうまいっすよ。うちの子供たちもすげえファンだもん。山梨に帰省したら必ず買って帰るくらい！

評判が悪かったちゃんこ

柔道で国体出場、全日本強化指定選手に選ばれるなどの実績を残したのち、1984年に新日本プロレス入門。同期として出会ったのは、のちの「闘魂三銃士」橋本真也・蝶野正洋。主力レスラーのUWFへの離脱などゴタゴタが多い時期ではありましたが、ここで踏ん張った新弟子たちが90年代のドームプロレス時代を支えることになります。

——もちろん若手時代は武藤選手もちゃんこを作ってたわけですよね。

武藤　そうすね。週に一度くらい当番が回ってきてね。

——ちなみにそれまで料理の経験は？

武藤　ない！（キッパリと）……というか、俺の人生で料理していた時期ってそのときだけだもん。道場にいた1年ちょいくらいだよ。

——そうなんですか。そのわずかな手料理時代はスムーズにちゃんこを作ってました？

武藤　まあ、やることといえば野菜切って肉切って……だから簡単じゃないすか。

——ではそれほど苦労はしなかった。

武藤　まあ俺のちゃんこは評判悪かったけどな（笑）。

——簡単って言ったのに！

武藤　あのねえ、豚ちりってのがとにかく簡単なんですよ。ポン酢をちょっと作ればよくて、あとは材料をぶち込むだけ。でもこれがまたレスラーの人気がない！

——簡単さを優先してたら不評になったと。

武藤　でもさあ、俺が入った頃の新日本プロレスって景気が良くてねえ。俺の記憶だと、ちゃんこ番に1日食費3万円も出ていたんですよ。それで朝晩作るんだけど、しゃぶしゃぶにもかなりいい牛肉使うんだよ！

――前田日明さんも「新日は毎日の食費がすごくていい肉を使ってた」とおっしゃってましたね。

武藤　ただ……なんというか本当に罰当たりなことしてたんだけど、それ、全部は食えねえんだよな。だから米や肉が余ったら全部捨ててたね。

――うわー、もったいない！

武藤　当時は本当にぜいたくしてた。「3万円使い切るのがちゃんこ番の使命」みたいな感じだったからな。今はうちでも若いのにちゃんこ食わせてるけど絶対そんなこと（捨てたり）させないからね！

――経営者側になればそりゃそうですよね（笑）。でもそんないい肉だけにかなりおいしかったのでは？

武藤　俺らのときは豚ちり、キムチベース、塩ベース、バター焼き……ぜいたくでうまかったよな！　しゃぶしゃぶなんてプロレス界に入って初めて食べたからね。まあ吉野家とそんなに変わんないなと思ったけど（笑）。

橋本はうまかったよね、料理だけは（笑）

——当時の若手で料理がうまかったなって選手は？

武藤 橋本はうまかったよね、料理だけは（笑）。

——「料理だけは」（笑）。

武藤 俺や蝶野は包丁を使うのも下手だったけど、橋本は包丁使いもうまかったもんな。味の工夫とかも研究する方だったし。

——橋本さんは凝り性だったって皆おっしゃいますもんね。

武藤 あんまり覚えてねえけどな。……でも、俺も頑張ったよ？ サンマを焼いたりしてさ。寮を出て、通いになってもちゃんこ番は残るんだよ。みんなが帰ってくるのを待って、ちゃんこを作んなきゃいけない。

——それも若手としては大変ですね。料理を作って先輩後輩を待って。

武藤 みんなの喜ぶ顔が見たいな〜と思ってやってるんたけどね。

——奥さんみたいなこと言いますね（笑）。しかし実際は頑張ってたけど不評だったと。

武藤 慣れてないからさあ。俺はプロレスのセンスはいい方だと思ってるけど、料理のセンスはあんまりないみたいだな。

アメリカンフードに飽き飽き

天性の運動神経とスター性に早くから目をつけられた武藤選手はデビュー翌年の1985年には早くも初となる海外遠征。そこでの経験からいち早くアメリカンプロレスの影響を強く受けた試合運びを日本でも見せるようになります。ということは、試合だけでなく私生活もアメリカにすっかりなじんでいたのでしょうか。

――さて武藤選手は若手としてはかなり早く海外遠征に旅立ちますけど、子供の頃にアメリカ的なごはんに憧れたってことは相当楽しかったんじゃないですか？

武藤 いやもう、アメリカ生活なんてすぐ嫌いになったね！

――えー！ 最初の流れだと楽しそうですけどね。

武藤 もう「飽き」だろうなあ。米って食ったらとりあえず胃に残るじゃん。同じくらい胃を埋める気でアメリカの食べ物を食ったら胃もたれするしね。

――同じ重量感でも肉だとがっつり残り過ぎると。

武藤 そうそう。パンとかパスタも違うじゃん。だからすぐギブアップした気がするなあ。それに全体的にデカいじゃん。コーラのボトルとかもでけえし、マクドナルドに行っても俺たちの英語って日本語英語だから「コーヒーください」って注文したらコーラが出てきたりするからな。英語とか全然通用しねぇよ。

――やっぱり日本人としては米が恋しい。

武藤 そうなんだよな！　だからチャイニーズ（中華料理）ばっかり行ってましたよ。最初に行ったタンパって街は、今でこそ日本人ばっかりなんだけどさ、メジャーリーガーとか。俺らの頃は全然いなかった。日本食のレストランとかも2軒くらいしかなくて、またインチキみたいな日本食もあるしさ。ニューヨークとかロスならいいのもあるけど……。結局、日本食は日本で食べた方がうめえしな。

――そりゃそうですよね。タンパはヒロ・マツダさんが多くの日本人レスラーを育てた街ですよね。80年代だとそんなもんですか。

武藤 でもタンパっていうかフロリダはさ、スパニッシュが多くて、そっちの人たちってイエローライスを食べるんですよ。チキンとイエローライス、それがうまいんだよな！　やっぱり行き着くところは米なんですよ。フライドチキン屋さんで『ポパイチキン』ってお店があって、そこのケイジャンライスがうまかったんだよな～。

――ハンバーガーよりケイジャンライスにハマったわけですね。

武藤 タンパって海が近いから、シーフードもいっぱいあるんだよ。ロブスターとかオイスターを出すお店が多かったんだよ。食べ物はほんとに安くてさあ。スイカなんて100円でこんなでっかいのが（大きな身ぶりで）買えたりしたしね。

――そのあとWCWではトップレスラーの仲間入りを果たしますよね。そうなると豪勢なものばかり食べられたのではないですか？

武藤　いやっ！　ていうか、アメリカは日本みたいに高い食いもんはないよ。どんないいところのステーキ屋さんに行ったってA1ソースを出してくるからね。普通の、どこにでもある市販のソースよ。

――そうなんですね（笑）。

武藤　WCWにいた頃はね、ずっとホテル住まいなんですよ。キッチンもなければ何もない、だからもう100％外食。しかも年間300試合くらいやってるからさ。試合は夜7時に始まって、10時か11時に終わる。そうなるともう、ワッフルハウスとかデニーズみたいな限られたところしか開いてなくて。日本食のレストランなんてまず開いてない。そんな環境だからもうチャイニーズばっかり食ってたよ。

――最終的な選択肢は中華と。

武藤　そんなだったからさ、アメリカから帰ってきたとき「日本の米よりチャイニーズ米が食いてえな！」ってなっちゃって（笑）。そっちの味になじんじゃったんだよね。あっさりしててお腹に優しい味なんだよな。

――WCWのトップレスラーでもそんなものなんですね。

武藤　今でもアメリカ人って食べるものは変わんないでしょ。今年の1月にも久しぶりに試合と仕事でロスに行ったんすよ。1週間近くいたんだけど、朝飯がもういやだったもんね。同じホテルだから毎回同じビュッフェの朝飯で、朝から肉とかベーコンしかないって感じで疲れたよ。さすがにアメリカンフードだけの生活は、ほとほといやになったよな。

プエルトリコのマグロで大アタリ

「ザ・グレート・カブキの息子」として米マットに登場したグレート・ムタはたちまち大ブレイク。スティングやリック・フレアーといったトップレスラーたちと戦うまでに上り詰めます。その当時に武藤選手が食事の面でお世話になったというのが、当時アメリカやプエルトリコでヒールとして活躍していたケンドー・ナガサキさんでした。

武藤　途中からはケンドー・ナガサキさんと同居したんですよ。桜田さん（ケンドー・ナガサキの本名＝桜田一男）は相撲上がりだからさ。朝晩作って、試合行くときも弁当を作ってくれたりしたね。

――そんなに面倒見がいいんですね、ナガサキさん。

武藤 試合が終わってからナガサキさんの弁当を食うんだけどさ、うまかったよ。日本のストアとかないから、オリエンタルのスーパーで買って詰めてくれるんだけどさ。

――武藤さんの方が後輩ですよね？（笑）

武藤 一応俺も料理くらいなら手伝うんだけどさあ！ うまいんだもん、桜田さんの方が。なんでも作ってくれたよ。オムライスも作ってくれたしな。カレーだったら俺ひとりのときでも作ったけどね。

――遠征時はナガサキさんと一緒のことが多かったんですよね。

武藤 プエルトリコではアパートを一緒に借りてたんだよね。あるときスーパーの魚屋さんに行ったらツナ（マグロ）があったから、桜田さんと昼飯に刺身で食ったんですよ。その後プールサイドにでも行こうかって話してたんだけどさ。よく漫画で気分悪くなると、下から顔が真っ青になっていくじゃん？ アレみたいに下から体の色が赤くなっていってさ。

――見た目からして体調がヤバいことに！

武藤 それで「調子悪いから部屋に戻ります」って起き上がろうとしたらクラクラって倒

れそうになってさ。そしたら桜田さんも「俺もだ！」って倒れそうになってて。ふたりで「うわ、これやばいよ！」って。クラクラしながらゲーゲーして下痢して……大変だったよ！ やっぱり海外じゃ生で魚をさばいて食うもんじゃないね（笑）。保険もないし、そういうのが海外は怖いよな。

飲みの席での〝坂口イズム〟

――武藤選手はアメリカでの成功の後、日本でもプロレス界の頂点に向かっていきますが、やはり若手からトップのひとりになるとおいしいものを食べる機会は増えました？

武藤　そうだね。巡業先でその土地土地のおいしいものが食えたよな。ほんとにそのシーズンの一番いいものだったと思う。ただ、面白いもんで沖縄にいるときは「泡盛うめえな～」って飲んでるんだけど、東京に戻ってきてまで飲みたいとまでは思わねえんだよな。名古屋の味噌煮込みうどんもうまいけど帰ってくるとあんまり食いたいと思わない。

――名物はその土地で食べたり飲むからいいと。

武藤　一番食ったのはラーメンだよね。昼飯はラーメンで済ませることも多いよな。全国いろんなとこで食ったよ！

——巡業で自然とラーメン通になっていくわけですね。その中で印象的なラーメンといえば？

武藤　うーん、やっぱり博多かなあ。熊本の『黒亭』は好きだねえ。あと鹿児島の駅前のラーメン屋さんもうまかったなあ。

——九州の豚骨系がお好きですか。

武藤　北海道の『すみれ』も好きだよ。あと近場だと佐野ラーメンとかさ。長崎のちゃんぽんなんかもクリーミーでうまかったね！　若い頃はずいぶん行ったよ。

——若手同士で飲みに行くことはありましたか？

武藤　飲みに行く仲間はいなかったな。そこの場所で接待するとか、そういう飲みばっかりだよな。強いて言えば、若い頃は坂口さん（坂口征二）とよく一緒だったよ。

——一番酒豪としていろんな方から名前が出てきます（笑）。

武藤　坂口さんと木村健悟さん、それと俺でよく飲みに行ってたなあ。博多でモツ鍋食ったり熊本で馬刺し食べたりしてね。うまかったな～。

——やっぱり坂口さんはかなりお酒を飲まれますか。

武藤　飲むよ！　でもね、坂口さんって楽なんだよ。なぜかというと、必ず0時までには帰るから。すんごい楽。俺は木村さんの付き人だったから、飲んだ後に洗濯をしなきゃいけないからね。練習して試合して、めし食って洗濯してって、もうバッテリーが残ってないからさあ、こっちは。

――それは若手としてはありがたいですね。しこたま酔っ払うまで飲む先輩に付き合わされてその後に洗濯まであったらキツすぎます。

武藤　あと坂口さんって、基本的におネエちゃんがいるお店が好きじゃないからさ。たまに付き合いで行くこともあるけど。カラオケも好きじゃないし。自分もカラオケがあるところに行きてえとは思わないもんね。自分も歌いたくねえし、他人の下手な歌も聞きたくねえし（笑）。自然と俺もそういう飲み方になっていったもんね。

――飲みの席での〝坂口イズム〟が植え付けられたんですね。

武藤　まあ、坂口さんはたしかにお酒強かったけど、それ以上にこよなくお酒が好きな人だったよ。お酒LOVEだよな。

坂口家の高級ワインを全部飲んじゃった

酒豪としてたびたびその名が登場する坂口征二さん。武藤選手といるときは、また他の選手とは違った親密さで、別の表情を見せていました。

武藤　坂口さんと仲良くなったのは入門して3年目くらいかなあ。いやもっと前だな、スペースローンウルフの前からだけど、旅館での泊まりになったら俺と星野さん（星野勘太郎）と服部さん（タイガー服部）と坂口さんで麻雀に付き合ってたからさ。

――なるほど！　そっちの仲間として（笑）。

武藤　そういう趣味からして坂口さんとは合ったよね。結婚式の仲人もやってくれてるし、長男坊（坂口征夫）の仲人は俺がやってるからな。

――もう家族ぐるみになるほどの仲だったんですね。

武藤　フロリダから急きょ帰ってきたときには俺のために部屋を借りててくれてさ。坂口さんの家から道を渡ってすぐのところで、坂口さんのお母さんも同じアパートだったんだよな。だからちょくちょく家でごちそうになってたよ。

――ほとんど息子ですね（笑）。

武藤　そういえば、坂口さんの家にワインクーラーがあったんだよ。それで坂口さんがヨーロッパかどこか行ってる間に奥さんと俺ともうひとり、誰だったかな……ブッチャー（橋本真也）だったかな？　坂口さんちの高級ワインを6本か7本飲んじゃって。俺は怒られなかったけど奥さんは怒られてたね（笑）。すげえ飲んだんだよ！　飲みすぎて唇が紫になったもんな。

――のちに武藤選手は新日本を退団しますが、それ以降の交流は？

武藤　新日を辞めたあとはいろいろ文句言われたけどさ。全日本に行った後に新日の東京ドーム大会のオファーが来たときには直接電話をもらったね。あとドーム興行では一番居心地いいのか（当時は他団体なのに）俺の控え室にずっといたよ。坂口さんとはずいぶん飲んだり麻雀したりしてないから、また囲みたいね。

路上で全裸プロレス談義

――武藤選手に聞きたいお酒の場の話といえば、新日本勢とＵＷＦ勢の「熊本旅館破壊事件」なんですけども……。

武藤　断片的にしか覚えてないね！　だって酔ってんだもん。

――前田日明さんと裸で殴り合ったと言われてますが。

武藤　たぶんその通りですよ。言われてる通り、全裸全裸。たぶん「裸になろう！」ってなったんですよ。でも殴りあっただけじゃないよ。

――語り合ったんですか、全裸で。

武藤　場所がすごい田舎の旅館で、その正面の道路の真ん中に、一升瓶持った全裸の男がふたりあぐらかいてプロレス談義してる。たまに車がブーンって通ってきて「なにごとだ？」って一回止まるんだけど、急発進してみんな去っていくんだよな。

――それは普通逃げますよね（笑）。選手同士、普段から飲んで殴り合うことはあったんですか。

武藤　ないですよ。たまたまそのときだけ。やっぱり殺気走ってたからね。思想が違うモン同士がリングに上がってたわけだから。主張のぶつけあいをプライベートまで引きずってたわけで。

――上としては仲良くさせようとしたけど仲良くならなかったと。

武藤　やっぱな、闘いの原点に戻っちまうんだな。酒は飲まれちゃうからね。俺は今、毎日飲んでるけど、毎日飲みたいから昔のようにガバッとは飲まないもん。

若手にはまず海鮮丼を食わせる

2002年に全日本プロレスに移籍して社長に就任。そして現在のWRESTLE-1といずれも社長、会長という立場に就いた武藤選手。団体が違えばちゃんこも違う……なんてことはあったんでしょうか。

――全日本に移ってみて、ちゃんこの違いってありましたか？

武藤　そんなに変わんないけどな。ただ全日本に来たら、その頃は荒谷（荒谷望誉）ってのがいて、こいつが相撲上がりだからちゃんこを作るのがうまかったんですよ。あと浜（浜亮太）ってのも来て、とにかく相撲上がりがくるとちゃんこがうまいわね。微妙な味付けがほんとにうまい。特に浜は手作りのポン酢があるんですよ。ニラが入ってたりして、それがうまくてね。

――やっぱり元力士のちゃんこは皆絶賛しますね。

武藤　今うちのちゃんこはささみ肉とかだからね、あんまり食いてえとは思わないよな。

――まあ、身体を鍛えるにはいいんでしょうけど。

武藤　時代はそうなんだろうけどさ。俺たちの頃のレスラーと今のレスラーじゃ違うもんな。腹筋が割れてなきゃいけないとか。俺は昔の体型のレスラーの方が好きだけど。

――全日本、ＷＲＥＳＴＬＥ-１では社長に会長といずれも団体の経営の長という立場になったわけですけど、若手選手とめしを食べに行ったりするんですか？

武藤　全日本の頃は、道場が俺の家から近かったんですよ。だからよく道場にちゃんこを食べに行ったりしてたし、よく若手を外に連れて行ったりもしてましたよ。

――上に立つとそういう機会が増えるでしょうね。

武藤　たまプラーザの『すしつね』っていう寿司屋に選手を連れて行ってたんですよ。そこに浜とかを連れて行くと、普通ひと皿ずつ頼むのにいきなり「玉子8貫」とか「まぐろ8貫」とか頼みやがって（笑）。それから若い奴らに食わせるときは、まず海鮮丼を食わせてから「好きなものを食え！」って言ってますね。

――やっぱり経営側としてはそうなりますよね（笑）。

武藤　俺たちの若い頃はバブルだったからなあ。ちゃんこも昔に比べたら身体にいい鍋にはなってる。それにみんなプロテインも飲んでるから、今は今の鍋がある。そういう時代だよね。でもやっぱ、うまいもん食わせてあげたいよな！

現在ではWRESTLE－1の会長、そしてプロレス総合学院の校長と、選手を育てる立場でもある武藤選手。今のちゃんこにはちょっと不満そうでしたが、現代の選手たちにレスリングマスターの遺伝子がどう組み合わさってどんな次代のスターが生まれてくるのか楽しみです。

そしてインタビューの終わりに武藤選手しか知らない〝もうひとつの顔〟にまつわる質問をぶつけてみました。

――最後に、これは武藤選手にしか聞けない質問なんですが……グレート・ムタが普段食べているものって、どんなものなのでしょうか？

武藤 ムタの好きなもの？ ……毒になるものじゃねえの？ 身体にいいものなんか食ってたら、毒は吐けねえよな（笑）。

天龍源一郎

レスラーめし

VOL.13

幾多のレスラーとファンを酔わせた「天龍カクテル」

PROFILE

天龍源一郎

てんりゅう・げんいちろう＝1950年 福井県生まれ。1963年、13歳で大相撲の二所ノ関部屋入門。天龍の四股名で幕内16場所在位して、最高位は西前頭筆頭。1976年、電撃的にプロレスに転向し、全日本プロレスに入団。同年にはアメリカ遠征しテッド・デビアス戦でデビュー。帰国後はジャンボ鶴田との「鶴龍コンビ」で活躍、また全日本プロレスに移籍してきた長州力率いるジャパンプロレス軍団との戦いでは長州に対してむき出しのライバル心を見せた。1986年に阿修羅・原らと天龍同盟を結成。1989年にはジャンボ鶴田を破り三冠統一ヘビー級王座を獲得、同年にはタッグ対決ながらジャイアント馬場からのピンフォールを奪っている。1990年に新団体SWSに移籍、1992年にWARを旗揚げ。新日本プロレスとの対抗戦では長州力、橋本真也などを破り、1994年1月4日の東京ドーム大会ではアントニオ猪木からピンフォールを奪い、馬場、猪木の双方からピンフォール勝ちした唯一の日本人レスラーとなる。2015年、オカダ・カズチカとのシングルマッチを最後に53年間もの格闘技生活に幕を下ろした。

日本におけるプロレスの始まりが元力士の力道山からであることは言うまでもありません。レスラーめしの代表格であるちゃんこも力道山の相撲流の食生活から始まりました。

そして力道山の死後、日本においてプロレスはジャイアント馬場とアントニオ猪木のふたりによって広がっていきました。

相撲と馬場と猪木。この3つに大きく関わり、さらに酒豪として知られるあの人に会わずして『レスラーめし』の看板は掲げられません。「ミスタープロレス」「馬場・猪木からピンフォールを奪った男」天龍源一郎です。

二所ノ関部屋の力士から全日本プロレスに入団。阿修羅・原との「龍原砲」そしてサムソン冬木、川田利明、小川良成を加えた「天龍同盟」で、それまでの全日本のイメージを覆す熱く激しい闘いで圧倒的な支持を得ていきました。

SWSへの移籍、そしてWARの旗揚げ以降数多くの団体のリングに上がり、2015年に現役トップレスラーであるオカダ・カズチカとの一戦を最後に引退。

酒にまつわる豪快なエピソードというと新日本プロレス出身者が多い中、全日本出身者を代表する酒豪であり、お酒とのエピソードだけをまとめた実録漫画『酒羅の如く』が連載されたほど。

それだけにインタビュー前の挨拶で「今日は天龍さんのめしにまつわる話を聞きに来ま

した」と伝えると「ごはんだけとは珍しいな!」と笑顔で返されました。
もちろんお酒の話も聞きますが、まずは力士時代のちゃんこの話から伺います。プロレスのちゃんことは何が違うのでしょうか。

ごはんは一日20杯、最後は砂糖をかけて食べた

――まずは相撲時代のめしの話から伺いたいんですが、やはり入門するのと同時にちゃんこ番をすることになりますか。

天龍　そうですね。俺らの頃は部屋に(力士が)100人くらいいましたからね。

――100人! ちょっとした学校並みですね。

天龍　昼と夜の一日2食で、昼ごはんは3時くらい。4時は掃除の時間なんですよ。稽古が終わると上の人から順番にお風呂に入ってごはんになるんだけど、自分たちが食べるころにはもう掃除の時間になったりしてね。番付が上がって早くごはんが食べられるようになるのがうれしかったですね。

――入門したてだと食べる順番は100人の力士の一番最後ってことですよね。

天龍　もう残りものですよ。今でも覚えてるのがね、スキ焼きなんかが出るともう最後の

PITTSFORD
EST 1986

方は肉もなくなっていてね。上の方はいい肉で下の方は固いスジ肉。途中から牛肉が鶏肉になって、序二段以下になると肉もなくなっていって、自分たちは牛肉の味のしみこんだ玉ネギを食べる（笑）。

――もうほとんど野菜鍋になってしまっていると。

天龍　自分たちの部屋は大鵬さんや大関の大麒麟さんがいらっしゃったから、けっこう食材にかけるお金は潤沢だったね。よその部屋だとちゃんこ鍋がひとつだけだったりするんだけど、うちは鍋のほかにも10品くらいテーブルいっぱいに並んでいたからね。ちゃんこ番の時代は自分たちが食べる順番になるとすっかり鍋から具材がなくなってたから、残りの汁をごはんにかけてメンチカツをおかずにして食ってたよ。

――ちなみに天龍さんはそれまで料理のご経験は？

天龍　ぜんぜんやったことなかったね。だから最初は食器洗いから始めて、だんだん魚のさばき方を覚えていったりしてね。相撲取りなんで大雑把にはらわたを出したりうろこを取ったり、2、3枚におろす程度だよ。鍋に入れるやつだからね。

――鍋の具はお肉が中心ですか？

天龍　安いっていうのもあるんだろうし大量にお腹を満たさなきゃいってけないてのもあるからか魚系が多かったな。今でも覚えてるんだけど、錦糸町の魚市場に行って「二所ノ関部屋です」って言うと、「はい、これ」ってイワシがいっぱいの箱がバンバンバン！って積まれてあってね。あの頃はイワシも安かったからなあ。まだ都電が通っていたから錦糸町から両国まで電車で魚くさいのを運んでいったな。周りの乗客に迷惑がられたのを覚えてるよ（笑）。

――レスラーの方に話を聞くと、新弟子時代はとにかく食べさせられたって聞くんですけど、力士もそこは同じなんですか？

天龍　自分は中学2年生で182センチ82キロあったんで、そんなに必死になって食べたってことはないんですよ。食えちゃうんだよね、稽古が厳しいから。どんぶりの玉子丼を昼めしと晩めしで10杯ずつ食べてましたからね。

――どんぶりめしで1日20杯⁉

天龍　食べられるんですよね。周りもみな食べるからつられて食べちゃうというのもあるけど、やっぱり稽古でお腹がすくんだよ。晩ごはんの最後にはどんぶりめしに砂糖をかけて3杯くらい食べてましたね。

――白めしに砂糖ですか！

天龍　だって晩ごはんっていうと昼間はちゃんこだけど夜は普通の食事なんだよ。サンマ1匹と味噌汁だけの食卓だったりするからね。それで6、7杯食うのは大変なんだよ（笑）。

どうやって食べようかと考えて砂糖をふって食べてましたね。

プロレス界と相撲界の大きな違い

――そのあとに全日本プロレス入り。もうちゃんこを作る立場ではないですよね。

天龍 そうですね。ちゃんこを食べる機会も、巡業がない時期に合宿所へ練習に行ったら若い人が作っていたのをたまにつまむ程度で。特に最初は日本とアメリカを行ったり来たりだったんで合宿所に行くことがほとんどなかったんだよ。

――二所ノ関部屋に比べて全日本のちゃんこの味はいかがでした？

天龍 おいしかったよ。もともと力道山関が作った相撲部屋のシステムですからね。その伝統で味ができてたんだと思うよ。ただ、相撲のちゃんこに比べてプロレスのちゃんこは肉が多かったね。相撲の方が魚の割合が多いんじゃないかな。

――食の習慣でプロレスと相撲の違いは感じました？

天龍 たとえば巡業に行くじゃないですか。レスラーになって一番不思議だったのは、巡業先で先輩も後輩もそれぞれ勝手にごはんを食べに行って自分で自分の食費を払う。それが最初はすごく不思議でしたね。相撲の世界だと先輩が全員のごはんをごちそうするのが普通でしたから。

――なるほど。

天龍　相撲のときは「ここ、若いやつの分まで全部払っておくから」ってのが上の役割だったので。ごちそうしてもらうかごちそうしてやるかのどちらかでしたからね。「自分で食い物の心配しなきゃいけない」ってのは、世界が違うなって思ったよね。

――新弟子ならちゃんこもありますけど、文字通り毎日のめしの心配をしなくちゃいけないと。

天龍　プロレスに転向してすぐの頃、お湯を入れて鍋にかけたらできる煮込みうどんってのがあったんだよ。あれを20個くらい買ってきたかな。毎晩それを家で食べてたんだよな。

――あまりに天龍さんのイメージとかけ離れてますね（笑）。

天龍　相撲取りなら朝稽古して昼もちゃんこを食ってる時間なのに自分は部屋で寝ていて。それで夜は煮込みうどんを食って。すごい不安でしたね。プロレスに転向した事実だけ表に出ていて、俺はひとりでマンションにいて鍋焼きうどんを温めて食べている。「こんなことしてていいのかな？」って悩みましたね。といって誰も電話をしてこないし馬場さんからもほったらかしにされていたし（笑）。

――プロレスという新しい世界に入ったばかりで不安しかない時期でしょうね。

天龍　たまに馬場さんから「ホテルにいるから来いよ」って声がかかるけど、それ以外は寝るくらいしかすることがなくて1日が長かったのを覚えてるな。あと自分にプロレスのイロハを教えてくれた先輩がいたんだけど、ある日馬場さんから「ホテルの前に居酒屋があるから、そこにふたりで来いよ」って言われたんだよ。それを先輩に伝えたら「(馬場さんから誘うなんて)珍しいな、こんなの初めてだ」って言われてね。もう全日本に入って4年くらいいる先輩だったんだけどね。そういう上とのコミュニケーションが珍しいってのを見て「プロレスの社会は変わってるな」と思ったね。

馬場さんと一緒に飲んだアイスティー

——全日本に入って改めて内側から見た馬場さんはどんな印象でした?

天龍　呼ばれて行くと、いつも馬場さんは豪勢な立ち居振る舞いをしていたからね。「この人はトップレスラーでものすごく稼いでるから俺たちが知っている横綱や大関と同じなんだな」って察しました。あまりに他のレスラーと馬場さんのレベルが違ってたから。

——まさにプロレス界の横綱。

天龍　だから早くこうなりたいなと思いましたね。最初の馬場さんとのごはんは、馬場さんちに行ってしゃぶしゃぶを食べたんですよね。肉が山盛りで用意されててね。それをこうやって（大きな身ぶりで）、ぞんざいにガッ！と鍋に入れるんだよな。「レスラーは景気いいんだな」と思いましたよ。まだその頃はしゃぶしゃぶって別格の高級な料理だったんだよな。敷居が高いっていうか。それをガバッと取って食べるから、やっぱり稼ぐ人は景気いいんだなと思ったよね。

――普段の生活からして格が違うと。

天龍　それが一番最初で、あと覚えてるのがアイスティー。

――馬場さんと天龍さんが一緒にアイスティーを飲む風景もインパクトありますね（笑）。

天龍　プロレスを始めるまでアイスティーなんて飲んだことがなかったんだよ。俺たちの時代は喫茶店に入ると「油売ってる」って怒られたりして喫茶店に入るのもダメだって時代だったからね。行ったことも入ったこともなかった。

――喫茶店ってそんな場所だったんですね。

天龍　プロレスに転向して、馬場さんに呼ばれてホテルのラウンジに行ったら馬場さんがなんか飲んでいるから聞いてみたらアイスティーだって。「じゃあ俺も同じの」って頼んで飲んだら……あれはうまかったね……（実感を込めて）。「こんなおいしいものあるのか」って感激したよね。

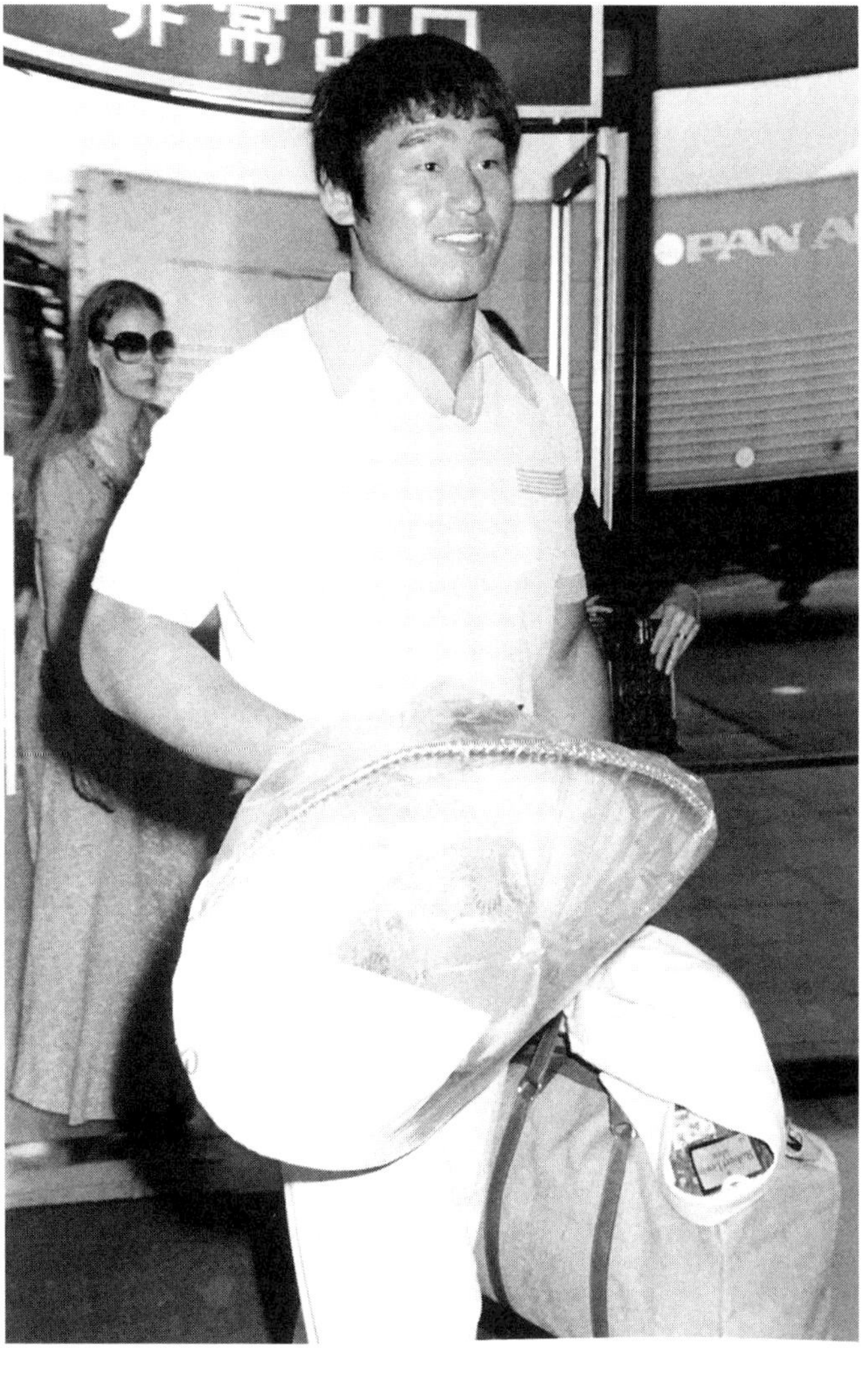
常出口
PAN

――天龍さんがお酒よりもアイスティーにハマっていたなんて衝撃の事実ですよ！
天龍　それからずっとアイスティーばっかり飲んでたね。その後にアメリカに行ったらアイスティーがおかわり自由で何杯でも飲めるのには感動したよ！

アメリカでかきこんだ佃煮ごはん

全日本プロレスに入団後、ドリー・ファンクJr.とテリー・ファンクの兄弟のもとでプロレスを学んだ天龍さん。デビュー戦もアメリカで行ったほか、のちのＷＡＲの時代にはＷＷＦ（現・ＷＷＥ）のロイヤルランブルにも出場します。

――天龍さんはプロレス入りを発表して、すぐに渡米されますよね。アメリカ時代のめしの思い出は何かありますか。
天龍　いやあ、何もないね。車移動だからケンタッキーフライドチキンとかハンバーガーとか、ファストフードばっかりだったよ。
――今だと日本にもありますが当時は珍しいですよね。
天龍　アメリカで肉っていうとハンバーグとかこってりしたもんしかないよな。それで覚えてるのが、アメリカのフロリダかノースカロライナあたりのテリトリーを回ってるときはどの選手もそんな金なくて「そっちのステーキハウスの方が2ドル安いから行くぞ！」みたいな世界でね。でも俺たちは自分で車を持っていなくて、乗っけてもらってる身なんで文句言えないよな（笑）。あっちは2ドル安いとかそこはバッフェ（食べ放題）やってるとか、そんなのばっかり気にしてましたね。

――アメリカで食べた豪華なめしの記憶ってありますか。

天龍　あれがうまいこれがうまいってよりも印象的だったのがね、地方のテリトリーからＷＷＦに初めて行ったときかな。ビッグショーで好きなものを食べられる街だったんだよね。レスラーもみんな気前良くってさ。トップレスラーはここまできて初めてトップなんだなって実感したのを覚えてるよ。行く店も違えば泊まるホテルも違う。「2ドル安いからこっち」なんてことは言わない（笑）。あの頃はお金の回りも良かったからほんとに好きなお酒を飲んで好きなもん食べてってところですかね。

――アメリカのトップレスラーは何を食うかよりもどう振る舞うか、なんですかね。

天龍　今でも覚えてるんだけど、肉ばっかり食べてたらやっぱりごはんが食べたくなるじゃないですか。だから日本から取り寄せた米を炊いてのりの佃煮をのせて……それだけで自分の中で日本食を食べたって満足感があったよな。インスタントラーメンを食っただけで喜んでる俺もいたよ。ものすごく日本が懐かしく感じる、恋しくなるんだよな。

酒豪デビューは35歳の遅咲き

――さてアイスティーもいいのですが、お酒の話もそろそろお願いします！　全日本プロレス入りが26歳ですよね。すでにこの頃はけっこうお酒を飲まれていたのですか？

天龍　全然飲んでなかったよ。

――え、そうなんですか⁉

天龍　力士時代もあまり飲まなかったんだよ。よく飲むようになったのは35、36歳くらいになってからかな。

――それもまた遅いですね。20歳過ぎて飲まなかったんですか？

天龍　いやあ、酒があんまり好きじゃなかったんですね。本当に昔はビールを数杯かせいぜいビール瓶1本か。そんな程度でしたよ。だから力士時代の俺を知ってる人たちは35歳過ぎてからお酒を飲む姿を見て「変わったね」「飲むようになったね」って驚いていたからね。

――お酒を飲むようになったきっかけってありますか？

天龍　金を稼げるようになってから遊びに行ったら周りはみんな天龍だって知ってるし、ちやほやされて調子こいて飲むようになったんですよ（笑）。

――まさかそんな理由で！

天龍　フフフ、「お酒を飲むと何か楽しいことがあるんじゃないか」って思って飲むんだけど何もないんだよな。二日酔いになるのが関の山で。

――プロレスの世界だと先輩が「飲め飲め」って後輩を育てるところありますけど相撲だとそういうことはないんですか？

天龍　ありましたよ。でも入った頃は13、14歳のガキだったからスルーできたんじゃないかな。それにドンチャン騒ぎの宴会が始まって飲まされるなと思ったらスッぽかしたりしてね。要領よかったんだよ。

――お酒の席には近寄らない。そんな天龍さんにどうして酒豪のイメージがついていったのでしょう。全日本で活躍するにつれて……という感じですか？

天龍　最初の頃は相撲界から来たってことで馬場さんが自分に特別なポジションを用意してくれたってのが正直なところだったんだよ。でも周りの奴らからすると「なにもできない相撲取り上がりのくせに」って感じだったんじゃないかな。それに抵抗する自分もいたし、そのせめぎあいでしたよね。だから阿修羅・原とか仲良くなれそうな奴とは一緒に酒を飲みに行って、そこで「俺は違うよ」ってのを見せて。相撲の頃のやり方で酒の場を設けたりして新しい自分のポジションを作っていったんだよ。

――後輩の分は先輩の自分が全部出すという天龍同盟のルーツは相撲流のやり方で生まれたんですね。

天龍　若手選手とめしを食いに行ったらその金を払うのは普通だと思ってたからね。

若手に酒をおごるために会社から給料を前借り

ジャンボ鶴田との鶴龍コンビを経て、阿修羅・原との龍原砲、そして若手たちが加わった天龍同盟と天龍選手の存在は全日本の中で大きくなっていきます。天龍さんの「地方巡業でも決して手を抜かない」姿勢は全国のファンから絶大な支持を受けました。

天龍　輪島さんが入ってきたり長州選手が来たりして全日本が脚光を浴びるようになったんだよね。それまで新日本しか見なかった人も全日本に目を向けてくれるようになった。ただその後に長州選手が抜けて、輪島さんと外人レスラーがうまく合わせるような試合をやるようになって。それで「またファンになめられるよ、激しいプロレスをやっていくの

が普通じゃないのか」って相撲出身の俺と、ラグビー出身の原（阿修羅・原）とでやるようになって。

——そこに川田利明、冬木弘道、小川良成ら後輩たちも加わって天龍同盟に。試合後は皆で集まって飲んだんですか？

天龍　毎日、一所懸命に試合をやってるから、俺があいつらにできることっていえば食事と酒をおごって一緒に飲んで、その日のことは忘れてまた明日頑張ろうっていうこと。勝手に俺がやっていただけですよ。

——まさに兄貴分ですね。若手もついていこうと思うはずです。

天龍　でも俺の女房は文句タラタラだったよね。そんなにファイトマネーだって高くもないのに選手に酒を飲ませるために勝手に会社から給料を前借りしてたから。「本当ならこれだけ貯金があるはずなのになんでこれしかないの！　これじゃ生活できないじゃない！」ってあとでさんざん怒られましたよ。

——アハハハ、天龍家が大ダメージ！

天龍　「娘も生まれて大変なのに、巡業に行ったら使ってきて『これしかないよ』ってどうすんのよ！」ってよく小言を言われましたよ（苦笑）。ただ一緒に戦ってくれている選手もこれだけ頑張ってくれてんだから、何かお返しするんだったらこれしかないなって飲んだり食ったりしていただけの話です。勝手に自己満足でやってただけ。

――大都市・地方を問わず熱い試合を見せる天龍選手たちにお客さんは感動していたわけですけど、その裏で家計は火の車だったんですね（笑）。

天龍　俺は良かれと思ってやってたんだけど、あとになって冬木も川田も「行きたくないのに飲みに行かされた」とか「洗濯しなきゃいけないのに朝まで引っ張り回されて臭いユニフォームのまま試合しなきゃいけなかった」とかブーたれてたみたいですけどね。

――アハハ、まあ若手は雑用も多いですから。だいたい何時くらいまで飲んでたんですか？

天龍　だいたい朝の5時6時くらいまでですね。

――その後に洗濯するのは確かにキツイ！

天龍　家に帰ってちょっと寝て、移動の車の中でまた寝てました。それでめし食って昼寝して、試合してって感じですね。

――冬木さんや川田さんがあとになってこぼしてるのもわかる気がします（笑）。

天龍　さんざん割りの合わないことに金を使ったなと思うけどね。でもいい人生経験、勉強になったと思うよ。

伝説の〝天龍カクテル〟

――では天龍同盟の結束とともに酒量も増えていった感じですね。

天龍　試合で汗かいたあとだからいくらでもお酒入ったしね。あと当時はスーパードライが出始めたんですよ。

――アサヒのスーパードライ。かなり話題になりましたもんね。

天龍　それまでのビールと違ってすごく飲み口が良かった。それでお酒を飲めるようになったのも大きいですね。阿修羅もそれまでぜんぜん飲まなかったのに、やっぱり試合終わったあとに飲むスーパードライで「うまいね」って言い出して、そこから飲めるようになって。本当に俺たちにとっては刺激的でしたよ。

――当時のことが知られていたらテレビCMに出てほしかったくらいですね（笑）。

天龍　その頃はまだアサヒビールのシェアがまだまだで田舎に行くとそんなに出回ってなくて、酒屋に行ってでも買ってこい！　って探させてました（笑）。

――天龍さんとお酒といえば、ウイスキーやビール、焼酎や日本酒などその場にあったいろんなお酒を全部アイスペールに混ぜて皆で飲み回すという〝天龍カクテル〟の伝説がありますが。

天龍　地方って試合が終わった後に集まれるようなお店があまりないんですよ。チェーンの居酒屋だってそんなにない時代ですからね。試合後に酒が飲めるお店に俺たちが遊びに行くと「いやあ、今日は楽しかったです」ってファンから声をかけてもらえるから「じゃあ飲もう！」って。

――それで皆で飲む用に天龍カクテルが作られるんですね（笑）。

天龍　要は酒の場なのにシラフでいる奴を見るのがいやなんですよ。皆に酔って欲しいから、全員で回し飲みするためにできたのが天龍カクテル。ファンもいい感じに酔っ払ってね。「また（試合を）見に来いよ！」って別れてましたからね。

――地方のファンでそんな体験をしたら、一生をかけて天龍さんを応援しますよね。冬木さんとか川田さんもそういう経験を積んだわけですね。

天龍　いやあ、強くなりましたよ。最初は飲めなかったけど、だんだん強くなっていったんじゃないかな。

――天龍さんはお酒そのものも好きなんでしょうけどお酒の場が好きなんですね。

天龍　そうだね、皆で同じ場にいて同じ時間を過ごしてってのが好きなんだよ。そこは相撲取り上がりだからってのもある。お相撲さんはまず毎晩飲むからね。飲んだときは和やかにって感じだったから、そういう感覚が残っていたんだろうね。

猪木・組長・長州と杯を交わした思い出

――漫画『酒羅の如く』ではアントニオ猪木さんと飲んだ話も収録されてますね。

天龍　プロレス大賞のときの話だな。やっぱりプロレスラー相手だといろいろ意識はするよな。あのときは「イッキやろう」って猪木さんが言い出してね。俺はその夜に試合があるんだけど、ここで引けねえなと思って飲んだよね。

――やはり全日本の選手としては引けないですか。

天龍　また猪木さんもイッキが強くてね。しかも新日本は（その夜は）試合がないんだよ（笑）。散々飲んで酔っ払って試合会場まで行ってね。指を突っ込んでもどして水飲んでから正気に戻ってリングに上がったのを覚えてるよ。

――それで鶴田さんと20分近く試合したんですよね、その日……。やはりそういう場では負けられないですか。

天龍　負けられないというか、かっこ悪いところは見せちゃいけないという気持ちだね。酔って暴れるんだったらテーブル引っくり返すくらい暴れないと。それができないなら、おとなしく飲んだ方がいいよ。机を持ち上げてみて逆に机の下敷きになってるようじゃみっともないでしょ？　そんな時代でしたよ、俺たちの頃は。

——他に新日本の選手と飲まれた機会はありました？　例えば長州力さんとか。

天龍　新日本に参戦してた頃は長州選手が気を使って食事に誘ってくれたりしてたね。彼がその頃マッチメイクを担当してたんで労をねぎらう意味でも会を開いてくれたんでしょう。

——最初に会ったのはその頃ですか？

天龍　長州選手とは、彼が新日本にいたときに記者の集まりがあって。そこで初めて会ったんだけど、ウマが合ってね。そういう縁でそのあと新日本にも行ったりしてね。飲みの席では試合の話はしないけどね、くだらないよもやま話で。そういうところも合うのかもしれないな。

——新日本系の酒豪といえば坂口征二さんと藤原喜明組長がよく出てくるのですが、おふたりと飲む機会はありました？

天龍　坂口さんはよく聞くね。でも一緒に飲んだことはないんだよ。藤原選手とは飲んだことはあるけど、本当にお酒が好きで強い人ってああいう人じゃないかな。本当に強い人はマイペースを崩さない。延々と飲み続ける。まさに藤原選手はそういう飲み方だったよ。

——でも天龍さんも朝5時6時まで飲んでたんじゃないですか？

天龍　それは体力があったから飲めただけだよ。ほんとにお酒が好きなら今も同じペース

で飲めるけど、もうそんなに飲みたいと思わないからな。晩酌程度だね。女房がコンビニで適当なチューハイを買ってきて、たまに量が少ないなと思ったらウォッカを飲んだり。そのくらいだね。

――ご夫婦といえば『鮨處 しま田』も経営されてました。

天龍 プロレスラーだけでしのいでいくのは大変だなと思ってサイドビジネスも並行してやっていけたらいいなと考えていたときに知っている人がお寿司屋さんをやってて、ちょうど借りたテナントが寿司屋だったんだよ。女房は焼肉屋をやりたかったんだけど。

――レスラーといえば焼肉っぽいですけど、あえての寿司屋と。

天龍 ただそれには笑い話があってさ、寿司屋を始めて5年か6年たったくらいかな。うちの女房が「わたしお魚が大嫌いなの」って言い出してさ（笑）。「それ、早く言ってくれよ！」って思ったよな。そのぶん清潔にするから店のきれいさって意味では良かったんだけどな。

――奥様は天龍さんの食にはいろいろ苦労させられてそうですね（笑）。

天龍 ファイトマネーが高くないうえに若手にめしをおごるし、やりくりは大変だったと思います。でも料理をいっぱい作ってくれて、しゃぶしゃぶなら2、3キロ、唐揚げも山盛り作ったりして結婚して12、13キロは太りましたよ。

――レスラーの妻はいかに夫の身体を大きくするかも大事ですね！

大鵬関に好きなだけ食わせてもらった焼肉の味

1990年に全日本プロレスを離れたあとは、SWSWARの顔となり活躍。新日本プロレスをはじめとしたメジャー団体だけでなく、インディー団体にも多く参戦しました。ジャイアント馬場、アントニオ猪木が現役を退いた後もリングに立ち続け、2015年の引退まで〝プロレス界の横綱〟であったことは、プロレスファンであれば誰も異論がないでしょう。

――全日本離脱後は各団体の顔になっていきますが、やはりスポンサーを始めとして呼ばれる酒席も多くなっていったのでは？

天龍　そうですね。ただＷＡＲのときに「天龍は自分の団体の長だから好き勝手できる」ってよその団体のやつに言われて「あっ、こういうことをしちゃいけない」って思うようになったんですよ。それからは外に飲みに行くようなことは減りましたね。なめられるなって。

――外に飲みに行くとなめられるとは？

天龍　自分が全日本にいる頃、馬場さんが飲みに行かずにいつも部屋にいるからなんでだろうと思ってたんですよね。その理由を尋ねたら「何かあったときに団体の長がいなくて連絡が取れなかったら、みっともないだろ」って言っていたのを思い出したんだよ。もし何か問題が起きた場合に、誰か然るべき人がいないと問題がこじれるなって気づいたんだ。それから夜はあまり外に出なくなったんですよ。

――なるほど！　トップだから自由にできると思われがちですが、そういうわけじゃないと。

天龍　それにトップが揉めごとを起こしたら最低じゃないですか。全日本の頃が一番飲むのが楽しかったけど、それは馬場さんがいたからなんだなと。自分が上に立ってからはお金はあっても人の目があるから飲み歩いたりはあまりできなかったですね。

――なるほど、トップに立った人ならではの考えがあるんですね。

天龍　団体の顔として飲み食いする機会も多かったし、いろいろうまいもんも食べてきたんだろうけど……。ガキの頃、大鵬さんに連れて行ってもらって好きなだけ焼き肉を食わせてもらったのが一番うまいもんを食った記憶だな。そういうのが一番覚えてるね。

新日本は無礼講、全日本はタテ社会

最後に改めて新日本と全日本のお酒の飲み方の違いを聞いてみました。

天龍　新日本は、飲むときは無礼講ですね。新日本の方が上下関係がしっかりしていそうなイメージなんだけど、飲むと猪木さんも気にしなくなる。だから酒の席での武勇伝は新日本出身者の方が圧倒的に多いよな。例の旅館を壊しただか暴れただかの話もね（笑）。全日本は飲んでいてもタテの社会がしっかりある。そこはけっこう違うね。

――全日本育ちの天龍さんからは昔の新日本の空気ってどう見えましたか。

天龍　「レスラーだから、世の中に知られてるからいいだろう」っていうゆるさが新日本にはあるね。実際、昔は暴れても何しても「レスラーだから」で弁償金を払えばおしまい、みたいなところあったから。でもそれも高田（高田延彦）とか武藤（武藤敬司）の時代くらいまでじゃないかな？　今は警察沙汰になるからなあ、「レスラーらしさ」とか通用しないよ。

――そういうのが好きな人にこの本は読んでもらってますね（笑）。では全日本だと「飲むときに荒れない」というのは何か理由が？

天龍　馬場さんがプロレスの前は巨人の選手だったから、「ひと様に迷惑かけちゃいけない」というのが頑としてある。あの人の中にルールがあるんですよ。

――なるほど、「巨人軍は紳士たれ」の精神が全日本に！

天龍　普段から「迷惑かけるな」とか「我が物顔で歩くな」とかよく馬場さんは言ってましたからね。馬場さんは子供の頃から身長がでかくて自分がいつも人から見られているという意識があったから、選手に対してもそういうしつけをしてきたんじゃないかな。

――さすがＢＩからピンフォール取った男の解説！　むちゃくちゃ納得しました。

相撲時代からの天龍さんのめしと酒の話はやはり濃密でした。酒豪として知られる天龍さんですが、多くの人と関わるために毎日のように酒席を設け、そしてトップに立ってからは外での酒を減らしていたという話を聞くと、本当は「お酒」以上に「人」が大好物だったのでないでしょうか。

メジャー、インディーを問わずあらゆる選手とぶつかり、多くのファンを酔わせてきた天龍さん。レスラー時代の勇姿を思い返すと改めてそんな気がします。

SPECIAL対談

新日本プロレスの「道場めし」

「炭水化物なんて、1日にごはん30杯くらい食べてたのに、
脂肪なんかつかなかった」（小林）

小林邦昭×獣神サンダー・ライガー

「プロテインに頼るんじゃなくて
『めし食え！　ちゃんこ食え！　体重増やせ！』って時代」（ライガー）

THE NORTH FACE
TESTED & PROVEN
VANCOUVER, BC CANADA
PRO-WRESTLING

PROFILE

小林邦昭

こばやし・くにあき＝1956年 長野県生まれ。1972年10月に新日本プロレス入門。翌年2月、栗栖正伸戦でデビュー。1980年にメキシコ遠征、1982年にはアメリカに渡り、「キッド・コビー」のリングネームで活躍、アメリカス選手権を獲得する。同年に凱旋帰国し、初代タイガーマスクとの抗争で注目を集め、「虎ハンター」と呼ばれ人気を博した。1984年維新軍団のメンバーとともに新日本を離れ、ジャパンプロレスに参加。全日本プロレスに参戦し、NWAインタージュニア王座を獲得した。新日本に復帰後はヘビー級に転向、越中詩郎らと『反選手会同盟』(後の『平成維震軍』)を結成。2000年獣神サンダー・ライガーを相手に引退試合を行う。引退以降は新日本のスカウト部長、新日本道場の管理人、テレビでのプロレス中継など多方面で活躍している。

PROFILE

獣神サンダー・ライガー

じゅうしんさんだー・らいがー＝1989年 永井豪宅生まれ。1989年、東京ドームでの小林邦昭戦で獣神ライガーとしてデビュー。同年5月に馳浩を破り、第9代IWGP Jr.ヘビー級王座を獲得。以降は日本ジュニア界の中心人物とて活躍していくことになる。1997年、ウルティモ・ドラゴンを破り、第3代ジュニア8冠王に君臨。「ジュニアの象徴」と呼ばれ、国内外のメジャー・インディを問わず参戦。他団体選手の新日本への参戦にも尽力し、ザ・グレート・サスケ、ウルティモ・ドラゴンらと団体の垣根を越えて数々の名試合を見せた。プロレスラーとしての高い技術には世界的にも定評がある。

時代に応じてファイトスタイルや入場の演出など、日々進化し続けるプロレス。しかし、60年を超える歴史の中で、相撲由来である〝ちゃんこ〟だけは不変です。
現在、現存するプロレス会社としては日本最古の団体である新日本プロレスの選手たちも旗揚げ以来ちゃんこを食べ続けてきました。
今回、1972年の新日本プロレス旗揚げと共に入団し、現在は新日本プロレス道場の管理人として料理の腕を振るい続けている〝虎ハンター〟小林邦昭さんと、1983年の入団から35年もの間、新日本プロレス道場に住み続けている〝世界の獣神〟獣神サンダー・ライガー選手のふたりに、新日本プロレスの選手たちの身体を作り続けてきたちゃんこ、そしてめしをめぐるさまざまなエピソードを語ってもらいました。

10年で3倍以上に増えたちゃんこメニュー

――新日本プロレス黎明期のちゃんこについて伺いたいんですが、小林さんが入団した1972年頃のちゃんこってどんなものだったんですか。

小林　もうひどかったね。3種類しかなかった。

ライガー　ホントですか！

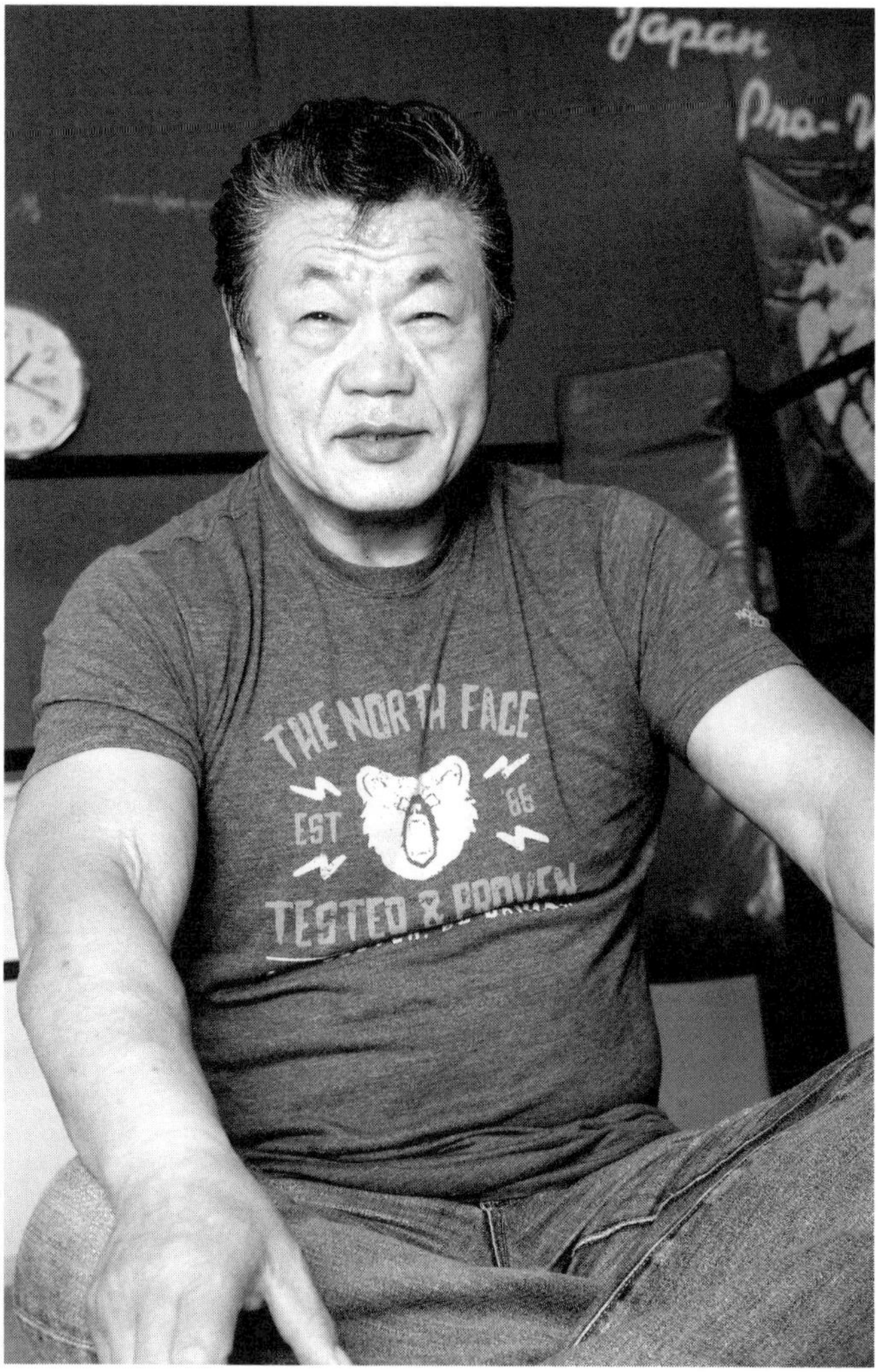
Japan
THE NORTH FACE
EST
66

小林 湯豆腐と豚ちりと、あとなんだったたっけ……。あ、藤原（藤原喜明）の作ったシチューだ。それくらいですかね。

ライガー その3種類がぐるぐる回る感じですね。

小林 昼に食べて、夜はその余りを食べていた。旗揚げ当時は予算も厳しくてね。そんなにいい肉でもなかった。ただそれでも身体は作れてましたよね。

――一番最初が3種類。そのあとライガー選手が入団した1983年頃は何種類くらいあったんでしょう？

ライガー いやあ、もう豊富でしたよ。豚ちり、味噌炊き、湯豆腐、白玉団子、鳥骨付きに……。

――どんどん出てきますね。

ライガー あと鶏団子、それにカレー、シチュー、バター焼きとか……あ、あとキムチもあったか。10種類前後はあったんじゃないですか？

――最初が3種類としたら、10年で3倍以上にメニューが増えたということですね。

ライガー すごいですよね！　そう考えると。昔、太さんっていう道場の料理人の方がいらっしゃって。もともと遠洋漁業船のコックさんでね。その方がテールスープとか作ったりしてね。さらにそのあとに入ってきた相撲出身の選手とか、いろんな血が加わって鍋の種類が増えていったんじゃないかな。

――その頃から小林さんは料理上手だったんですか？

小林　いやあ、そのちゃんこを覚えて作っていただけですよ。最初は米を研ぐこともできなかったからね。だから自分で新たにメニューを作ろうとは考えなかった。その頃、料理上手だったというと北沢さん（北沢幹之）だったり柴田さん（柴田勝久）だったりね。あとはキラー・カーン。

――みんな相撲出身ですね。

小林　あと途中でね、保永（保永昇男）が入ってきたんだよ。これが細かい作業が好きでね。よくイワシ団子を作っていた。

ライガー　保永さんは料理以外でも器用でしたね！　ハンガーとか家具とか、日曜大工でなんでも作っちゃう。「料理だけじゃねーぞ！」っていう。でも本当、小林さんとか保永さんたちの時代があって僕たちはうまいちゃんこ食わせてもらってたんだなってのは思いますよ。

――前田日明さんに聞いた話だと、前田さんの若手の頃は一日の食費が2万円くらいあって使い切れなかったそうですが。

ライガー　うん、そのくらい出てたんじゃないですか。

──それで余った肉を猪木さんが飼ってた犬にあげてたとか。

ライガー あれ、坂口さんの犬じゃないですか？ その頃、猪木さんの犬はもういないですよ。

小林 いないよね。

ライガー 坂口さんの犬ですね、すぐ人を噛む犬（笑）。噛みつかれそうになっても、坂口さんの犬だから蹴飛ばすわけにいかないっていう。

──いい肉食べさせてるのに噛んでくるんですね（笑）。

ライガー ねえ！ あの頃はバター焼きとか牛肉でやってましたし、肉屋もまたいい肉持ってくるんですよ。あと道場の坂をずっと上がった所に総菜屋があって、そこでいろいろなサイドメニュー買ってきて食べてましたね。今みたいに小林さんが作られているんじゃなくて外から買うのが普通で。まあ余裕があったんでしょう。小林さんたちの新日本立ち上げ時代の苦労があって我々も贅沢させてもらいました。

初めて食べて衝撃を受けた白玉ちゃんこ

──ライガー選手にとっての道場のちゃんこの思い出はどうでしょう？

ライガー　入門初日、最初に食べたちゃんこが本当に忘れられないですよね。山本小鉄さんに呼ばれて初めて道場に行った日に「飯食ったか」って聞かれて「食べてません」って答えたら「ちゃんこ残ってるから食べろ」って。みんなが食べ終わった余りだったんですけど、それ食べたらとにかくおいしくって。ガツガツ食べましたよ。

——どんなちゃんこだったか覚えてますか？

ライガー　ソップ炊きの中に白玉団子が入っていたんですけど、後で聞いたらそれが佐野さん（佐野巧真。当時・佐野直喜）の得意技というか得意ちゃんこだったんですね。初めてちゃんこを口にした、あの感動は忘れないです。

——佐野選手は料理経験があったんでしょうか？

ライガー　いや、僕より3カ月くらい入門が先なだけなんですよ。でもその3カ月の間にやっぱり失敗とか成功とかいろいろあって、あのソップ炊きがあったんだと思うんです。自分で作っていくうちに得意ちゃんこができてくるんですよ。佐野さんはその白玉ちゃんこでしたね。

——ライガーさんの得意ちゃんこは何なんですか？

ライガー　僕は後々ですけど、湯豆腐とイワシの団子ですね。でもね、湯豆腐といえば小林さんですよ。

THUNDER

――いろんな所で紹介されてますよね、小林さんの湯豆腐。鰹節と卵黄、醤油ベースのタレが絶妙という。

小林　これだけは言いたいんですけど、あのタレは自分で考えましたからね（笑）。

ライガー　あ、そうなんですか。僕は北沢さんとか永源さん（永源遙）とかあの方たちだと思ってました。

小林　昔は鍋の中にタレを入れてかき混ぜてみんな食べてたんだけど、それを別にして僕が青のり入れたりなんだりして、それをペースト状にしたんです。今はいろんな団体で食べられているらしいですけどね。

ライガー　あ、でも新日本でキムチちゃんこを作りだしたのは、僕と同じ時期に入門した、相撲部屋を辞めてきた2人なんですよ。

――そうなんですね。

ライガー　「相撲部屋で作ってたちゃんこでおいしいのない？」って聞いたら、キムチちゃんこを教えてくれてさ。今はキムチ鍋の素みたいなのドドドッて入れて作りますけど、当時は白菜キムチを買ってきて、ザッザッザッて切ってパッと入れて味付けして。2人ともすぐ辞めちゃったんですけどキムチちゃんこだけは残ってるよ～って伝えたい（笑）。

ちゃんこも鬼軍曹！　山本小鉄伝説

——ライガー選手は入団した頃はけっこう食べる方だったんですか。

ライガー　まあ、よくは食べてましたけど、あの当時はプロテインに頼るんじゃなくて「めし食え！　ちゃんこ食え！　体重増やせ！」って時代ですから。僕の入った頃は髙田さん（髙田延彦）とかがなかなか太らなくて、ちゃんこ食べて、チーズをブロックで食べて、バナナ食べてとあらゆることとされてましたね。太るために。

——食が細い人は、無理やり太くさせられる。

ライガー　ホントにそう。選手個人個人、みんな自分でチーズ買ったりヨーグルト買ったりしてすさまじかったですよ。髙田さんか仲野さん（仲野信市）だったかな、「やせる本は本屋さんに行きゃある。でも太る本というのは本屋さんにはないからな」って言っててね。そりゃそうだよなと思ったよね！

小林　でもあれだね、今みたいにプロテインを摂らなくても身体が作れてたよね。腹筋なんかも割れてましたし。炭水化物なんて1日にごはん30杯くらい食べてたのに脂肪なんかつかなかった。

ライガー　ハハハ、30杯！　すごいなあ。

Pro-Wrestling
THE NORTH FACE

小林　それでもなかなか、身体が大きくならなくてね。みんな苦労しましたよ。まあ、その頃プロテインとか買ってるの小鉄さん（山本小鉄）に見つかったら食らっちゃいますから。

ライガー　アハハハ！　僕の頃はそうでもなかったんですけど山本さんが竹刀を持ってそばに立ってて食べないやつに「もっと食べろ、もっと食べろ」って見張ってたっていうのを聞いたんですけど、それは本当ですか？

小林　うーん、まあたまにあったよね。

――たまにありましたか（笑）、

小林　「食わねえならお前、荷物まとめて田舎に帰れ！」って。

ライガー　練習についてこられないんじゃなくて「めし食えねえから帰れ！」って言われるんでしょ。スゴイよね（笑）。

「食べたか、よし！」

小林　その頃の選手って身長170センチしかないのに110キロくらいありましたからね。僕なんかジュニアですけど、それでも100キロはありました。ヘビー級の坂口さん

（坂口征二）とか長州さん（長州力）、猪木さん（アントニオ猪木）だと120キロ〜130キロですよ。
ライガー 昔のジュニアの選手の写真を見るとみんなゴツいですよね。小林さん、ヒロ斎藤さん、ダイナマイト・キッド、デイビーボーイ（デイビーボーイ・スミス）とかね。
——筋肉がギュッと詰まっていて、見た目以上に重い感じがします。
ライガー 「素人になめられちゃダメだ」「体をゴツくしろ」「裸でリングに立った瞬間、それだけで金のとれるレスラーになきゃダメなんだ」という山本さんの教えがありましたから。例えば5000円払って入ってきてくれたお客さんに対して、ガウンを脱いだだけで2000円、3000円取れる身体にしろと。で、残りのお金で試合を観せる。僕はよく言われました。
——身体だけで2000〜3000円！
ライガー 特に僕は身長が低かったので「お前はもう背が伸びないんだから横にゴツくするしかないんだ！ デカくならなきゃダメだ！」って言われ続けて。実際、山本さんは全盛の頃100キロ……。
小林 110キロくらいあったね。
ライガー 山本さん、身長は僕と変わらないですよ。星野さん（星野勘太郎）もそうですけど110キロくらいあって、それで動いて飛んでましたから。

小林　僕が最初に小鉄さんと会ったのは昔の事務所なんですけど、初めて会ったときにびっくりした。田舎の方にいないじゃないですか、170センチくらいであんなに身体ゴツい人。

ライガー　いないですよ！　もう脚なんて筋肉がパンパンで膝からくっついてますからね。気をつけしたら隙間がないんですよ。身体の厚みがすごい。

――じゃあ小林さんも最初の方はそこまで食が太くなくて無理やり太くしたという感じですか。

小林　そうですね。食べる量はいたって普通でしたから。だからもう地獄だったよ。

ライガー　ハハハ！　小林さんに地獄って言わせてたんですね、小鉄さん。

小林　昔の巡業は旅館に泊まって皆で集まってめしを食べてたんですよ。小鉄さんはそういうとき、最後までいるんです。見張り番みたいに。

ライガー　見張り番（笑）。

小林　それで「お前、何杯食べた！」って聞いてきて、「8杯です！」「9杯です！」って言うと、「あと2杯だ！」って食べさせられるんです。

ライガー　さっき聞いたやつですね。ごはんの量をチェックされる（笑）。

TESTED & PROVEN
EST
66

ライガー　横にもなれない！　寝て楽になるわけでもないってキッツイですねえ。

小林　部屋に行っても、もう横になれないいんだよ。苦しくて。

ライガー　何が「よし！」だかわかんないっすね（笑）。

小林　それで食べ終えたら「食べたか、よし！」って。

伝説の新幹線食堂車全メニュー制覇

――小林さんの食に関する噂でよく聞くのが、「新幹線の食堂車のメニューを上から下まで食べた」というのがあるんですが、あれは本当ですか？

小林　食べましたね。

――やっぱり本当なんですね。それは誰かに言われて？

小林　小鉄さんです

ライガー　ハハハハ！

小林　今はもうないですけど、昔は新幹線に食堂車ってあったじゃないですか。僕はそこにカレーとスパゲティを食べに行ったんですよ。そしたら小鉄さんが座ってて、「小林座れ」って言うんですよ。座ったのは浜松だったんですけど、小鉄さんが「これ全部食べろ」って言うんです。お酒とかそういうのは省いていいから、食べ物は全部食べろって。で、浜松から小倉までずっとごはんを食べ続けた。

ライガー すげえなあ！ けっこう時間かかってますよ、それ。

小林 最後にはもうウエートレスからコックまで全員出てきて、みんなで応援してくれたんですよ。食べろ食べろって。

――いい光景……っていうかすごい光景ですね（笑）。

小林 でもその後3日間苦しくて、めしが食べられなくなりましたね。

ライガー 胃もたれだ（笑）。

――本当だったんですね、その伝説は。何皿くらい食べたんですかね。

小林 当時の値段にして3万円位あったんじゃないですか。20皿か30皿くらい。たしか昭和47年じゃなかったかな。

――あとおふたりが新日本で見たり聞いた選手で、大食いに関してすごかった人っていらっしゃいますか？

小林 猪木さんから聞いたんですけど、マンモス鈴木っていう選手が量ではすごかったって。どんぶりいっぱいのごはんを箸で十字を切って、4口で食べて何十杯って食べちゃってたそうです。

THUNDER
LIGER

ライガー　ハハハ！　どんぶりを4口でパクパクってスゲエな！　それ人間業じゃないですよね。

――ほとんど漫画の世界ですね。

ライガー　でも本当デカいですよ、マンモス鈴木さん。身長は馬場さんに次ぐ大きさくらいですよね。日本プロレスとか国際プロレスとかの時代の選手です。

小林　僕がごはんたくさん食べてても、猪木さんから「お前なんてかわいいもんだよ、昔マンモス鈴木なんてこんなに食ったんだぞ」って言われましたね。

ライガー　僕の世代だと橋本も食ってますよ、橋本真也選手。ごはんにマヨネーズをブリブリかけて食ってたんですよ。

――その姿、むちゃくちゃ想像できますね（笑）。

ライガー　でしょ？　「これはうまい！」って言いながら食べていましたね。彼もホントに食通というか凝り性というか、自分でラーメン作ったり豆腐作ったりしてましたよね。近所のラーメン屋さんに作り方を聞いてチャーシューを煮込んでみたり、豆腐に凝りすぎて1丁作るのに1万円近くかけたりして。

――ハハハハ！　さすが破壊王ですね。

ライガー　すげー原価かかってるなお前って。

猪木特製、ボウル一杯の「タコのマリネ」

――昔の新日本プロレスというと猪木さんとごはん食べる機会ってありました？

小林　僕が覚えてるのは道場でやったバーベキュー。猪木さんがリブをいっぱい買ってきてタレに漬けてたんですけど、自分で全部調合してましたよ。

ライガー　へ～！　アントンリブの前身みたいですね。うわー食べたかったなー。骨つきの牛肉リブとか最高じゃん！

――バーベキューはけっこうやられてたんですか

小林　まあ猪木さんがやろうと言ったときに。年に10回くらいかな。

――やっぱりライガー選手が入った当時となると、猪木さんと交流することすらなかった感じですか。

ライガー　それがですね、一度、猪木さんがクリスマスかなんかの前の日にタコのマリネをボウルいっぱいに作って道場に来られたんですよ

――猪木さんがタコですか。

ライガー　なぜかタコを。それで「冷蔵庫にあるから食っていいぞ！」と言われて、開け

たらボウルが入っているんですよ。その中が全部タコのマリネ。

――でもそんなに量食べるもんじゃないですよね（笑）。

ライガー そう、前菜でつまむ程度ですよね。僕はその頃、道場の近くにかみさんと半同棲みたいな感じで住んでたんですけど、うちのかみさんもプロレスファンだから持って帰って一緒に食べましたね。猪木さんが作った料理っていうとそれが最初で最後の記憶ですね。なんでタコだったんだろうなあ？

――得意技がオクトパスホールド（卍固め）だけに……。

ライガー あっ、うまい！ あと料理じゃないけど、たしかオーブンを買ったんじゃなかったかな。まだ珍しい時期だったんじゃないかと思うんですけど「オーブン買ったからウチに遊びに来い！」みたいに言われて。さすがに「オーブン見に来ました」とはいかなかったですけどね（笑）。

獣神も狂わす虎ハンターのスイートポテト

――でも、さっき小林さんも最初は米も研げなかったとおっしゃってましたよね。小林さんが料理好きになったきっかけってあるんですが？

Athlete
20
mizuno
20

小林　道場で作り始めてから、せっかく作るのに選手が誰も手をつけないのは嫌じゃないですか。それで本読んだりして作るようになって。

――やっていくうちにメニューが増えてって感じですか。

ライガー　もう今は小林さん、スイーツとか作っちゃいますからね。それがまたうまいんだ！今ここに来る車の中でも「僕、小林さんのあのスイートポテトが食べたいんですよね」ってリクエストしたら「わかった、2、3日中に作ってやるわ」って言われてヤッター！ってね。

――世界の獣神もメロメロですね。

ライガー　事務所の女の子も大好きでね。あのスイートポテトが届くと狂喜乱舞で、女の子たちの取り合い始まるんですよ。ウソじゃない！　ホントにおいしいんですから。

小林　まあスイートポテトは凝りましたよ。

――味の研究とかされたんですか？

小林　店で買ってきて食べて「なんでこの味が出ないんだろう……」って。

ライガー　スゲー!!

小林　いろいろやってみて、重要なのはバター。バターの量で味が変わっちゃうんで。

――なるほど、じゃあいろいろ試してみてベストな味を見つけたと。

小林　うん、最近は砂糖使わないで作ってますね。カロリーオフの甘いやつを入れてみたり。

ライガー　そうなんですか！　研究がすごい！

小林　そうするとカロリーも変えられるじゃないですか。

――でもそんな小林さんが常に寮にいらっしゃるんだったら、「俺も料理頑張るぞ」って若手がいたりしないんですか？

ライガー　いや、これが新日本プロレス寮のあるあるなんですけど、リンゴやナシを送ってもらっても自分で段ボールから出して切ってまでしては食べないんです。ただね、小林さんがむいて出したら食べる。不思議ですよね～、あれ。

小林　不思議だね。

ライガー　僕なんて「ラッキー、ラッキー！」って自分でむいて食べるんですけど、自分でむかないんですよ、若い奴らは（笑）。小林さんがリンゴむいて色変わるからってちょっと塩水に浸けてどうぞって出したら、やっと皆「いただきます」ってバクバク食べるんですよ。

小林　ステーキ肉をもらっても自分で焼こうとしないんだよ。でも僕が焼いておいてあげると食べる。

――面倒なんですかね。

小林　昔の選手はそういうのちゃんとやってたんだけど、最近の若い人はそういう所、ちょっと面倒くさいと思うんじゃないですかね。

――小林さん、もう完全に今は新日本の選手からスタッフまでの胃袋を掴んでるみたいですから、若干、小林さんが甘やかしている所があるんじゃないですか。もうお母さんみたいな（笑）。

ライガー　小林さんがおいしいの作りすぎるのかな？　だから若いのも下手に手を出すより小林さんに作ってもらおう！　みたいに考えちゃう。

――料理がうますぎるのも考えものですね（笑）。

ライガー　本当に小林さんの料理おいしいんだもん！　チンジャオロースーとかね、みんなアホみたいにごはんにのっけて食うから。あとこれからの季節はブリ大根ですね！

――いいですね。小林さん、ブリ大根のおいしい作り方のコツって何かありますか？

小林　それは教えられない（笑）。

――秘密なんですね……。

ライガー　また大根に味がしみててね～。噛むとジュジュって、ちょっと甘辛いような汁が出てね。小林さんよく出してくれるんですよ。それで「おい、ライガー！　作って置いてるからな、早く食べろよ！」って声かけてくれて。

――声かけてくれる所まで含めてお母さん感がハンパないです（笑）。

ライガー 小林さんが休みをとられて道場に来られないと質素ですよ〜。

――サイドメニューゼロみたいな。

ライガー 質素というか、食卓の上に鍋がドンとあってそれで終わり、みたいな。あとはなーんにもないんですよね。

――小林さんが新日本プロレス寮の食卓に潤いを与えてるんですね（笑）。

ライガー やっぱり小林さんだよね！

やっぱりちゃんこはうまい！

――ではそろそろまとめたいんですが、ライガーさんは道場に35年いらっしゃいますが、さらに昔から「レスラーのめし＝ちゃんこ」というのが変わってないのがすごいと思うんですね。プロレスラーの体型や試合は変わっても、食事はちゃんこが一番ということなのかなと。

小林 やっぱり栄養のバランスがいいですね。肉もいっぱい食べられるけど、普段の食事ではあんなに野菜を摂れないです。

ライガー 相撲界もずっとちゃんこじゃないですか。やっぱりこれが一番という理由があってちゃんこが生き残ってるわけで。今これ以上の食事というのはないんだと思いますよ。それにやっぱりうまい！ 僕も時間があってオフになったら福岡の実家に戻るじゃないですか。それで自宅で普通のごはん食べて、2、3週間ぶりに道場に来てちゃんこ食べるとやっぱりおいしいですよ。2、3日で飽きますけど（笑）。

――もう35年食べてますからね（笑）。

ライガー 飽きますけど、久しぶりの一口は「あっ、やっぱうまい！」なんですよ。ゴマするわけじゃないですよ。

小林 毎日食べてると選手も感動なんてしなくなりますよ。いつも同じだから。

――選手にとっては日常になっちゃうんですね。

小林 たまに事務所のスタッフたちを集めてちゃんこ大会みたいなのをやると、みんな一口目から「うわ～、うまい！」って騒いでくれますね。

――それは羨ましいです！ 今だと選手はプロテインも飲むんでしょうけど、ちゃんこ＋プロテインというのが理想なんでしょうね。

ライガー 小林さんすごいでしょ！ でもＯＢがこんな身体してるって、僕らにとっては嫌な存在ですよ（笑）。まぁそれは冗談ですけど、僕はプロテインなんて何十年も摂ってない。練習してちゃんこ食っておけばいいんですよ！　今のレスラーは鶏だと皮を外して食べたりするけど僕は食べるからね。豚ちりの脂身とかも捨てるんですよ。「そこ、おいしいんじゃん！　あー、もったいなー!!」と思ってますよ。

――その分練習すればいいんだと。

ライガー　僕、炭水化物を朝からがっちり摂りますから。どんぶり1杯くらい食べるし、夜だって関係なく食べます。フライドチキンだって皮がおいしいんじゃないですか。マックも食べるし、コーラもがぶ飲みするし。でも、じゃあ腹がタプンタプンかといえばそうじゃない。やっぱ練習量ですよ。これから僕が自分の身体でそれを証明しますよ！　繰り返しますけどね、プロレスラーは練習してちゃんこ食っておけばいいんですよ（笑）！

小林　（静かに、大きくうなずく）

本書は2017年11月からグルメサイト『メシ通』で
連載されている『レスラーめし』の内容を加筆・改稿し、
オリジナル対談を加えたものです。

※オカダ・カズチカ編の前半部分は新日本プロレスの
スマホサイトで連載中の『レスラーめし／出張版』から引用。

大坪ケムタ

（おおつぼ・けむた）

1972年佐賀県生まれ。広告代理店勤務後、1998年にフリーライターに転向。アイドル・プロレス・アダルトなどの原稿を中心に、記名無記名を問わず活動中。著書に『ゼロからでも始められるアイドル運営 楽曲制作からライブ物販まで素人でもできる！』『少年ジャンプが1000円になる日 出版不況とWeb漫画の台頭』（コア新書）、『現代プロレス入門 注目の選手から初めての観戦まで』（Pヴァイン）がある。近年は都内トークライブハウスで年間50本以上のイベントを企画・構成。

2015年3月26日に創刊した『メシ通』は、
ネット予約可能店舗数NO.1※の
『ホットペッパーグルメ』のオウンドメディアで、
株式会社リクルートライフスタイルが運営している。
「アタマとココロに、ごちそうを。」をコンセプトに、
食レポやレシピ、著名人インタビューなどの
グルメ記事を、平日は毎日公開している。

※2018年6月、及び同年8月時点、（株）東京商エリサーチ調べ

メシ通
https://www.hotpepper.jp/mesitsu/

ホットペッパーグルメ
https://www.hotpepper.jp/

『レスラーめし』Web編集者：三宅大介
『メシ通』編集責任者：三澤直哉

レスラーめし

2019年1月30日　初版発行

著者　大坪ケムタ
発行者　横内正昭
編集人　青柳有紀
発行所　株式会社ワニブックス
〒150-8482
東京都渋谷区恵比寿4-4-9　えびす大黒ビル
電話 03-5449-2711(代表)／03-5449-2716(編集部)

デザイン　金井久幸＋横山みさと(TwoThree)
写真協力　alin huma、平山訓生、沼田学、渡邊浩行(インタビュー写真)
写真提供　山内猛、㈱FortuneKK、新日本プロレス、
古溪一道、藤原組、有限会社えりオフィス
イラスト　師岡とおる
編集協力　三宅大介(モジラフ)
校正　早川満
編集　小島一平、中野賢也(ワニブックス)
印刷所　大日本印刷株式会社
DTP　有限会社Sun Creative
製本所　ナショナル製本

ISBN 978-4-8470- 9756-0
ワニブックスHP　http://www.wani.co.jp/
WANI BOOKOUT　http://www.wanibookout.com/